IT人材が輝く職場 ダメになる職場

問題構造を解き明かす

沢渡あまね **著**

日経BP

はじめに

　DX（デジタルトランスフォーメーション）、ニューノーマル、アフターコロナ、アフターデジタル、シェアリングエコノミー、MaaS、RPA……

経営とITは不可分なのに問題山積み

　これらのマネジメントキーワードが日々、インターネット上のニュースやビジネス誌面をにぎわしている。いずれのキーワードもデジタル化、すなわちITの利活用を前提としている。経営とITがもはや不可分であることは疑う余地がない。

「当社もDXを」
「ITを経営の武器として活用せよ」
「業務効率化とコスト削減のためのITではなく、プロフィットとイノベーションのためのITを」
「守りのITから、攻めのITへ」

　経営トップは、聞こえがよい文章を並べ立てる。方向性そのものは素晴らしい。しかしながら、情報システム部門など、実際にIT化を促進する現場（本書では「IT職場」と呼ぶ。情報システム部門やSI企業などの現場のこと。「IT企業」と書いた場合はSI企業などのことを指す）の実態はどうだろうか？

・新しいことをやりたがらない
・技術力も知識もマネジメント能力もアップデートされない
・古参の技術者・管理職がマウンティングし、若手や優秀な技術者を遠ざける
・ベンダー丸投げ。主体性も技術力もない
・多重請負の階層構造の中で、無駄な管理業務が増えるばかり
・「言われたことをやれ」マインドが染みつき、イノベーティブな人材がいない

・巨大なガラパゴスと化した基幹システムのお守りで精いっぱい
・リテラシーの低いユーザーの問い合わせ対応や「お世話」で疲弊している

経営層や顧客がIT人材をリスペクトしない

　問題山積み。DXもイノベーションも、まるで期待できそうにない。おっと、IT職場だけを責めてはかわいそうだ。経営層（本書では情報システム部門が所属する企業の経営層を指す）や顧客（本書ではSI企業にとっての顧客を指す）も大いに反省すべき点がある。

・そもそもITに投資しない
・情報システム部門に予算をつけない、IT担当部署に人をアサインしない
・失敗を許さない／失敗をIT職場のせいにする
・煩雑な管理業務や事務手続きを減らそうとしない／むしろ増やす
・インフラ運用維持など、見えない仕事を評価しない／見ようともしない

　経営層や顧客が、ITやIT人材をリスペクトしない。ITのプロが正しく活躍し、プロとしての価値を発揮する環境をつくろうとしない。それでいて、「IT活用だ！」「DXだ！」「イノベーションだ！」と騒いだところで何も状況は変わらない。DXもイノベーションも、いつまでたってもはるかかなたの遠い星の夢物語である。

　そろそろ、この悲しき分断を何とかしたい。その思いで、本書の執筆に至った。

体験してきたリアルをベースに提言する

　私は日産自動車、NTTデータ、大手製薬企業などの企業勤務を経て、2014年9月からフリーランスで、2019年からは複数の中堅およびベンチャー企業の顧問を兼任し今に至る。一貫してITに関わり続け、顧客の立場、SI企業の立場、経営の立場、事業部門（海外マーケティング部門など）の情報システム推進組織、情報システム部門の立場、いずれも経験している。フリーラ

ンス駆け出し当初は、中小IT企業に常駐していわゆる「下請け」の仕事をしたこともある。

　それら複数の立場で体験および見聞きしてきたリアルをベースに、日本のIT職場の問題点を書籍、連載、講演などを通じて提起している。本書もその１つである。

　本書は、日経BPの技術専門サイト「日経クロステック」の連載「IT職場あるある」の記事を再編集および加筆したものである。連載で書きつづった現場のリアルを、「なんちゃってIT職場型」「レガシー製造業スタイル型」「コミュニケーション不全型」など、問題の事象タイプ別に分類し、章ごとに「対策」を記した。

　巻末のAppendixでは、日本のIT職場およびIT産業の問題を語る上で向き合わなければならない「SES（システムエンジニアリングサービス）」の闇にも言及した。読んでいて、耳が痛くなる、どころか胃が痛くなる部分もあろう。しかしながら、キレイごとや正論を並べているだけでは何も解決しない。

　ただでさえ、IT後進国と揶揄される日本。このままでは周回遅れが加速し、海外の企業にも大きく水をあけられる一方である。それは、日本の国力をも左右する由々しき問題である。

　まずは自分たちの職場の半径５ｍからで構わない。経営層も顧客もIT職場の管理職や担当者も、そろそろ同じ景色を見て、問題意識を共有し、解決に向けた一歩を踏み出そうではないか。本書がその「景色合わせ」の大きなきっかけになることを願っている。

2020年夏　都田川ダムの木陰にて

沢渡あまね

目 次

第 1 章

なんちゃって IT 職場型

最新ITを活用しないIT職場

ファイルをわざわざ印刷して手書き修正する上司

　私にはIT企業で働く友人や知人が多い。彼ら／彼女たちが口にする嘆きを紹介しよう。

「ウチの会社はいまだに会議は対面だよ。お客様にテレワークシステムを売っているのにさあ」
「電子ファイルを上司に送っても、わざわざ紙に印刷して、手書きで修正を入れて戻してくるんだよね」
「社内稟議には当然、ワークフローシステムを使ってるよ。プリントアウトした稟議書に、上司からハンコをもらってくることも忘れずにね」
「勤怠管理？タイムカードが基本でしょ。昔からずっとそうだし」

　あれれ。確かあなたたちの会社はIT企業なはず。もしかすると顧客の方がよっぽど、IT環境の整備が進んでいるのでは。あなたの会社、ホントに大丈夫？

　逆パターンの声もよく聞く。大手IT企業からITではない企業に転職したAさんは、転職した会社のオフィス環境やIT環境に、最初は驚きを隠せなかったという。

「ペーパーレスとリモートワークが当たり前で、本当にびっくりした。おかげで幸せに働けているよ。前の会社よりもはるかに進んでいる」

　これでいいのか、IT業界！

セキュリティーが理由でクラウドに背を向けるSI企業

　IT企業の社内でも、おかしなやりとりが頻繁に飛び交う。「『クラウド』を取り入れてみませんかと上司に提案したら、猛反発された。ベテラン社員も反対。聞けば、セキュリティー面に不安があるからだって」

　中堅のSI企業に勤めるBさんはため息混じりにこう語り、肩を落とす。クラウドサービスを提供している会社の社員が、何を言っているんだか。ウソのようなホントの話だ。

　セキュリティーが不安だから、クラウドの導入に二の足を踏む。顧客が言うのなら、まだ理解できる。しかし、今や金融機関や官公庁、自治体でもクラウドサービスを利用し始めている時代だ。売り手であるIT企業がセキュリティーやガバナンスを「言い訳」にして、導入の検討すらしないのはいかがなものか。それでいいはずがない。

　Bさんは以前、テレワークの導入を会社に提案したことがある。しかし上司はその場で却下した。「職場にいない社員を信頼できない。仕事をサボりたいだけじゃないの？」。よくこれでITの商売ができているものである。

　こうしたIT企業でも、社内では経営者がイノベーションやチャレンジを強調していることが多い。それでも現場のIT職場は正反対の態度。新しい技術を試したくても、管理職や年配社員に反対される。笑うに笑えない話である。

　経営者がイノベーションやチャレンジを叫んでも、現場の景色は代わらない。社員は幻滅し、仕事へのモチベーションも下がる。IT企業なのに、新しい技術もワークスタイルも試すことが許されない。

会社の存亡リスクにもっと敏感になった方がいい

　新技術や新サービスに興味を失ったら、エンジニアとしてオシマイだ。当然、顧客からも見放される。その危機感をIT企業の管理職は持っているのだろうか。セキュリティーやガバナンスを盾に何でも反対する前に、会社の存亡リスクにもっと敏感になった方がいいと思う。どんなにスマートな広告や宣伝をしても、社員が体現できていなければ台無し。顧客も採用候補者も、その実態を必ず見ている。

「社内システムが最もイケていない」
「このまま直帰したいが、上司のハンコをもらいに会社へ戻らないと」
「会社の書類を見ないと判断できない。いったん持ち帰らせてください」

　こう漏らすIT企業の社員に、顧客は期待するだろうか。社員は皆、その企業の代表として顧客と接する、つまり、広報パーソンだ。IT企業の社員が最新技術を取り入れて、近未来的な働き方を体現してみせる。それができなければ、顧客を感動させることなどできないし、優秀なエンジニアは集まらない。

　取り急ぎ、「紙文化」「ハンコ文化」「対面至上主義」。この3つの撲滅からでもいいので取り組んでほしい。だって営業担当者はそういう提案を毎日、顧客にしているのだから。あなたたちが実践しないで、どうするの。

ダメ職場の問題構造　1

　最新ITを活用しないIT職場には、優秀な人材は集まらない。その問題構造はこうだ（**図表1-1**）。

　経営者は顧客向けに「イノベーション」と叫んでいるものの、自分たちの職場の実情は全く別物で、ガチガチのセキュリティー規定やガバナンスを利かせているので旧態依然とした働き方やIT環境は変わらない。

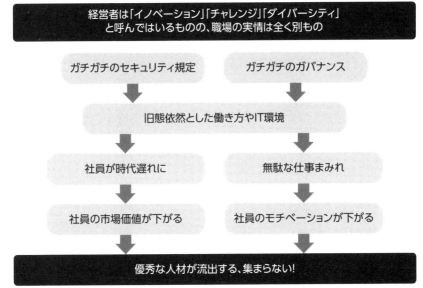

図表1-1　セキュリティーとガバナンスを言い訳に、新技術の導入をためらうIT職場の問題構造
（出所：あまねキャリア工房）

　当然、社員は時代に遅れになり、社員の市場価値は下がってしまう。また、ITを活用しないので無駄な仕事にまみれ、社員のモチベーションはどんどん下がってしまう。

　結果として、優秀な人材は集まらないところか、流出してしまう。

残念なITシステムをつくる会社

働き方改革や生産性向上の文脈で、企業・官公庁・自治体を問わず、様々な組織でトップや本部長の号令一下、新たなITテクノロジーが取り入れられようとしている。

「RPA（ロボティック・プロセス・オートメーション）を導入しろ」
「AI（人工知能）を使って効率化だ！」
「当社も機械学習を活用せよ！」。

こうした潮流は好ましい。どんな組織も、積極的に最新技術を取り入れて、仕事のやり方をアップデートしていく必要がある。その一方で、「残念」なIT導入が後を絶たない。

経理部門に導入されたRPAらしきもの

ある中堅製造業の経理部門がRPAらしきものを導入した。「事務手続きの自動化による業務効率の向上」と「社員の高付加価値業務へのシフト」というよくある目的を掲げていた。

そのやり方が問題だった。

社内各部署や取引先から送られてくる申請書類や請求書などを受け付けて審査する。この業務を効率化するはずだった。しかしその内容たるや次のようなものだった。

・手書きの書類に押印して申請するという運用は変わらず

・手書き書類を基幹システムに入力する経理部門の作業のみ自動化

　「ちょっと待って、書類の手書きを無くさなくてどうするの？」「押印する手間や無駄はそのまま？」「経理部門の事務担当者の仕事だけ楽になって申請者の手間は無視なの！」——このようなクレームが噴出しているという。

　この企業では問題にならなかったが、企業によっては、「新しく作られた経理システムに申請書類を提出するためのID／パスワードの発行や登録手続きが無駄に増えただけ」といった笑えない業務効率化もある。

　まさに木を見て森を見ず。ダメな業務フローを延命させてしまう、はた迷惑な「独りよがりRPA」が今日も産声を上げようとしている。

　残念なITシステムが導入される背景には3つの残念がある。

残念1　顧客企業の業務部隊

　トップバッターは、顧客企業の業務部隊の残念だ。業務をITに置き換える主体であり、ITシステムの導入には彼ら／彼女たちの業務設計力が不可欠である。例えば、次のような設計作業だ。

・当該業務のステークホルダーを特定し、真の課題やニーズを把握する
・業務プロセスやフローを俯瞰し、不要な手続きをなくす
・属人化している業務や例外処理を言語化する

　このような業務設計を適切に実施しなければ，業務の効率化は難しい。しかしながら、そのようなスキルも持たず（あるいはスキルアップの努力もせず）、今までの業務のやり方そのままに、IT職場に丸投げしてRPAなどのツールだけを導入しようとする。その結果、業務部隊しか幸せにならない自己満足ITが生まれてしまう。

残念2　顧客の本社

　残念なのは業務部隊（現場）だけではない。現場に指示を出す本社が残念なケースもある。本社のトップや役員や経営企画部門、あるいは情報システム部門が、どこぞのコンサルタントのきれいなプレゼン資料や、見目麗しい「費用対効果」の数字やグラフに踊らされ、新しいITシステムやRPAなどに飛びつく。そして、現場に導入せよと指示をする。

　現場は「ご本社様」の指示に忠実に従う。たとえ業務を効率化できなくも、うまくいかなかったら、本社のせいにすればよいと考えている。心ある人は異を唱える。しかし、上司に優しく諭されるのである。

「それを考えるのは、キミの仕事じゃない」

　こうして、本社に従順な社員が現場で量産されていく。心ある社員は愛想を尽かして辞めていく。厄介なのがこの手の従順な現場は、本社がたとえ話で引き合いに出したキーワードであっても、「必須」「絶対」と勝手に解釈して意向に沿おうとするところだ。

「例えばRPAなどを活用して業務効率化を……」

　こんな一言を役員が言おうものなら、何が何でもRPAを導入する。「例えば」と言っているにもかかわらずだ。悪気なく従順に、あるいは単に思考停止して「RPA導入」が目的化する。あな恐ろしやである。

　問題はもう1つある。残念な本社は、ITシステムの導入が終わると、「IT投資は完了した」と見なす。「IT化したつもり」状態である。現場にとってどんなに残念な結果になろうと、本社は知ったことではない。

「IT投資をした。次の投資は10年後だ」

こうして現場は、5年も10年も残念な業務や残念なITシステムと付き合い続けることになる。頼むから、中途半端なIT投資は迷惑だからやめてほしい。

残念3 インテグレーター

顧客の要求を丸受けするインテグレーターにも問題はある。ここでいうインテグレーターとは、情報システム部門、ベンダー、SI企業など、IT職場の人たちだ。業務効率は向上しない、誰も幸せにならないと分かっていても、顧客のやり方に異を唱えない。揚げ句の果ては「言われていませんから」と開き直る。

もちろん、要件を言語化して業務プロセスやフローを美しくするのは顧客の責任だ。しかし、SI企業はシステム導入のプロである。プロとしてどうなのか。百歩譲って、顧客がRPAなどの製品ベンダーに直接発注する場合は致し方なかろう。製品ベンダーは自社製品を提供するしかないからだ。しかし情報システム部門やSI企業は、顧客を正しく導いてほしいものである。時に、残念な顧客にダメ出しするくらいの徳と度量も大事だ。

「だから、うちの情報システム部門はダメなんだ」

顧客の業務部隊、本社、インテグレーター。3つの残念が和音を奏でると、もう悲惨だ。

「RPAなんて使えない」
「だから、うちの情報システム部門はダメなんだ」
「ITなんて役に立たない」。

ITの評価が組織内でダダ下がりとなり、ITに対して理解のある人、情報システム部門やベンダーに協力的な人が減っていく。

さて、あなたの職場は、顧客は、あるいはパートナーは、こんな残念なス

パイラルに陥っていないだろうか。3つのどの層からでも構わない。しっかりと業務を分析してデザインし、はやりのキーワードに振り回されない正しいIT導入を目指してほしい。それが、顧客とIT職場、双方の正しいプレゼンス向上にもつながるのだから。

この原稿を書いている最中に、私の自宅のポストに1通の郵便物が届いた。

「マイナンバー情報提出依頼。貴殿のマイナンバーカードないし通知カード、および身分証明証の写しを同封の書類に添付し、書留で返送してください」

ああ、これこそ利用者に無駄な手間を増やしただけの、残念な業務、残念なITの典型……。マイナンバー制度を設計・導入した責任者、出て来い！

ダメ職場の問題構造 2

残念なITシステムを生み出す背景には、①顧客の業務部門、②顧客の本社、そして、③インテグレーターの3者がいる。このような会社の情報システム部門には、優秀な人材は集まらない。その問題構造はこうだ（**図表1-2**）。

ITを導入することが目的化してしまうと、「独りよがりなRPA」といった残念なITシステムが作られてしまう。そうなると、ITシステムを使う利用者は楽になることはなく、ITへの評価が下がってしまう。もはやIT職場への理解者／協力者はいなくなり、そんな働きづらい職場に人材は集まらない。

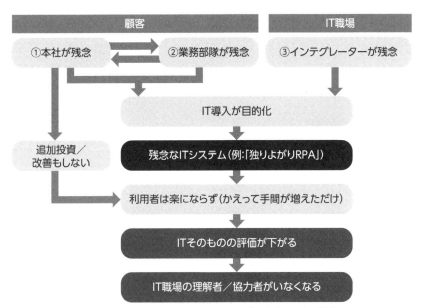

図表1-2　残念なITシステムの背景にある3つの「残念」の問題構造
（出所：あまねキャリア工房）

1-3 テレワークもWeb会議もNGなIT職場

ITを使えるのに使わない

　働き方改革の影響もあり、テレワーク制度の導入が進んでいる。それに伴い「業務上の必要がないのに頻繁にテレワークをする部下がいて困る」といった悩みを持つ管理職が増えているという。IT企業あるいは情報システム部門でも、こんな悩みを持つ管理職がいるというから驚きだ。

　業務を遂行する上でどうしても出社を必要とする職種なら、管理職として困るのはもっともである。しかしテレワークが可能な職種だとしたら、IT職場の管理職としての役割と責任を認識した上で、ITを活用したワークスタイルを積極的に推進してほしい。

　テレワークに限らず、「紺屋の白ばかま」を地で行くIT職場は少なくない。IT職場なのにテレワークどころか、Web会議もNG。朝9時からの固定勤務では、社員は満員電車で疲弊した状態で業務を始めることになる。一斉に昼休みを取れば、エレベーターでも食堂でも列ができる。この手のIT職場は少なくない。いまだに発想が労働集約型かつ対面依存主義なのである。経営層だけでなく管理職の意識も古い。労働集約型かつ対面依存主義の発想は、組織も個人も幸せにしない。

　「ABW」という考え方がある。Activity Based Workingの略で、個人個人がプロフェッショナルとして生産性やモチベーションの高い環境を選択できる働き方、すなわち「勝ちパターン」を実践できる職場環境を指す。ABWはオランダの企業に端を発し、日本でも広まりつつある。

　IT職場の管理職はこの発想を持ってほしい。固定勤務をせざるを得ない周りの部署に気を使うのか。自分たちだけが楽をしていると思われるのが嫌なのか。理由はどうあれ、ITを使えるのに使わないのは愚かである。IT職場は「率先して技術を使い、無駄な労せず成果を出す」模範となってほしい。

悪気なく「負けパターン」を強要

　生産性が高い状態とは、個人あるいはチームメンバーが最も生産性の高い「勝ちパターン」を認識して実践できている状態を言う。

　各自あるいは組織単位で「勝ちパターン」を認識した上で、「電話が鳴ると気が散るから明日はテレワークでドキュメント作成に集中させてください」「アイデア出しの会議は集まってやろう」といった具合に最適な働き方を実践している組織は強い。

　逆の見方をすれば、IT職場の管理職の中には今まで悪気なく「負けパターン」をメンバーに強要していた人もいる。成果を出していない部下はさておき、テレワークで成果を出している部下は何ら問題がないはずだ。テレワークという制度と環境を活用して、自分の勝ちパターンを率先して実践しているのだから。

　「とりあえず全員が出社して顔を合わせていないと安心できない」のであれば、それは業務設計に問題がある。管理職は自分の業務設計能力の欠如を大いに反省すべきだ。

　私はIT企業に勤務していたとき、上司と次のような口論をしたことがある。

上司「見えない相手を評価できない。だからテレワークはダメ」
私　「見えない仕事を評価できるようにするのが、あなたの仕事でしょう。私たちはIT企業です。ITを活用しなくてどうするんですか？」

言い方に工夫の余地はあったと反省するが、主張は間違っていないと今でも思う。

　読者の皆さんにテレワークを押し付けるつもりはない。「対面が勝ちパターン」であれば、そのような判断のもとに対面で仕事を進めればよいだろう。「立ち上げの今の時期は、全員が顔を合わせていた方が相談しやすいし問題解決が早いから全員出社で」などの判断も大いにありだ。仕事の内容や組織の特性に合わせて、対面と非対面を使い分ければよい。

　しかしながら「今までがそうだから」「周りがそうだから」なる理由で「業務上必要のないテレワークはNG」はあんまりである。社員あるいは組織の勝ちパターンの実践を阻害している。これは昨今、日本企業でも取り組みが進んでいる「ダイバーシティ・マネジメント」（多様性を尊重する経営）に反する。部下が率先して勝ちパターンを実践する主体性やスキルアップの機会を、管理職が自分の気分で奪ってはいけない。

テレワークをバックアップ手段程度にしか考えていない

　何より残念なのは、テレワークを介護や育児あるいは災害時のバックアップ手段程度にしか捉えていない職場がいまだに多いことだ。なかにはテレワークの利用に際し、事前に申請して承認を必要とする職場もある。それには一定の合理性があるかもしれないが、当日の申請を一切認めないケースもあるというから呆れる。

　子どもは突然熱を出すし、鉄道が突然止まることもある。そのような世の常も分からず、当日申請NGとはこれいかに。人事のド素人が考えた「仕事ごっこ」にしか思えない。

　強い組織は、対面と非対面の両方をうまく活用して成果を出している。そのような業務設計をしているからだ。管理職を中心に、そろそろ業務を再設

計して場所にとらわれず成果を出せるように変えていってほしい。

「CSV（Creating Shared Value）」「CSR（Corporate Social Responsibility）」という言葉がある。CSVは社会課題を自社の得意領域や強みで解決しつつ自社の成長と発展につなげる取り組み。CSRは企業の社会的責任および社会貢献活動である。

企業の社会的責任という意味で両者は似ているが、CSVは攻めの成長戦略、CSRは守りのイメージが強い。IT職場は「働き方改革」のみにとらわれず、CSV／CSRの観点でもITを駆使して働き方を変えていってほしい。そのためには、IT職場と人事部門だけではなく経営層、広報部門、総務部門など組織を横断した立体的な議論が必要かもしれない。

「私たちがITを率先して使い、ラッシュ時の鉄道の座席や空間を本当に必要としている人に譲ります」「最適な場所で仕事をして成果を出します」。IT職場はこういうヘルシーなCSV／CSRを体現してほしいと切に願う。

ダメ職場の問題構造　3

テレワークもWeb会議もNGなIT職場に、優秀なIT人材は集まって来ない。その問題構造はこうだ（**図表1-3**）。

ITを使って働き方を変えようとしない職場は、ITをなりわいとする者／組織としての社会的責任に欠如している。その理由として挙げられるのは、非IT職場の目を気にすることや、マネジメントの発想が古いことだ。そうした職場は、労働集約型であり、対面依存主義であることは間違いなく、悪気無く「負けパターン」を押しつけている。

メンバーの主体性もスキルも上がらず、生産性もモチベーションも低いままであり、業務設計しない（または、設計能力がない）ので、いつまでも変わらない。

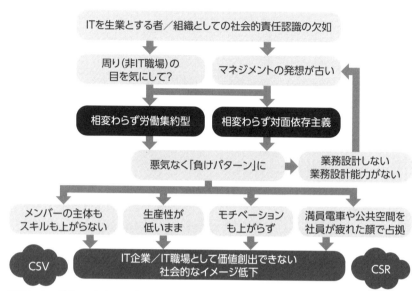

図表1-3　それでも変わろうとしないIT職場の問題構造
（出所：あまねキャリア工房）

　優秀なIT人材は「IT企業/IT職場としての価値創出」を求める。そうした
ことができないどころか、社会的なイメージを下げてしまっている（満員電
車や公共空間を社員が疲れた顔で占拠するなど）。そんな会社に働きたいと
思うITエンジニアはいない。

1-4 対策 マネジメントキーワードとITをひも付ける

「IT企業なのにITを活用できていない」とか、「ITを導入してはいるものの空振りしている（例：「なんちゃってRPA」）」といった悲劇は、自社や客先の経営課題や経営者の関心、すなわち「マネジメントキーワード」を解決する手段として、ITが適切に位置づけられていないことにより起こる。

いかなる組織にも課題はある。その課題がITによって解決できると経営者が想起できなければ、IT投資の優先度はおのずと下がる。IT投資が正しく行われている企業は、経営者がマネジメントキーワードを解決する手段としてITを意識している。あるいは、IT職場の部門長が経営に寄り添い、マネジメントキーワードを解決する手段としてITをひも付け、経営者の理解を得ている。

マネジメントキーワードとITのひも付けストーリー

マネジメントキーワードの解決に、ITがどのように寄与するか。ストーリーを考えてみよう。

ダイバーシティ（多様性）

多様な人材が組織内で活躍できるようにするには、時間や場所に制約を受けない職場環境や人事制度を整備する必要がある

テレワーク／リモートワークなどの仕組みも必要

ITの出番

ABW（Activity Based Working）

仕事の特性や内容に合わせ、高い生産性で社員が働くことのできる環境を提供する必要がある

フリーアドレスのオープンスペース、個人作業に集中できるブース席などを設置する必要がある

どこでも社内ネットワークにつながる環境構築が必須

ITの出番

人材採用

優秀な人材を獲得したい

優秀な人材と出会う機会を増やす必要がある

オンライン面接なども行うべし

ITの出番

エンゲージメント向上

優秀な人材を維持したい

プロがプロとして活躍するための柔軟な働き方、育児や介護などライフステージに応じて柔軟に働くことのできる環境整備が必須

テレワーク／リモートワークなどの仕組み、脱紙・脱ハンコ、ワークフローや情報共有基盤のデジタル化が必須

ITの出番

コラボレーション

協業／協創（コラボレーション）によるイノベーションを起こしたい

社外の人とも素早くつながることできる環境構築が前提条件

対面やメールベースのコミュニケーションでは遅い

ビジネスチャット、グループウエア、オンラインファイル共有サービスなどを取り入れる必要がある

ITの出番

ブランドマネジメント

「自社らしさ」に共感する顧客、ビジネスパートナー、従業員、すなわち自社ファンとのつながりを強くしたい

旧態依然のアナログな仕事のやり方を続ける組織とつながりたいとは誰も思わない

ファンを遠ざける

デジタルワークシフトが鍵

ITの出番

CSR（Corporate Social Responsibility）

企業として社会的責任を果たす必要がある

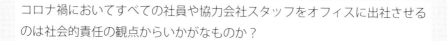

コロナ禍においてすべての社員や協力会社スタッフをオフィスに出社させるのは社会的責任の観点からいかがなものか？

テレワークできる部署はテレワークを実施すべし

ITの出番

　以上は一例だが、経営層が抱えているマネジメントキーワードは多かれ少なかれ、ITによって解決できる。しかしながら、往々にして経営者はそこに気づいていない。あるいは、例えば「ダイバーシティ」「人材採用」「エンゲージメント向上」であれば人事部門、「ABW」は総務部門、「ブランドマネジメント」は広報ないし経営企画部門など、単独で既存の所管部門に一任されがち。その結果、ITの出番はいつまでたっても現れない。

　IT職場の部門長（担当者でも構わない）は経営課題に敏感になり、これらのマネジメントキーワードをITで解決できることを経営に示そう。あるいは、人事、総務、広報、経営企画など他部門と率先してコラボレーション（経営層に共同提案）し、ITの出番を正しくつくっていってほしい。経営の立場からしても、IT部門単独より予算をつけやすいはずだ。

　これらのマネジメントキーワードを、「ウチの部署には関係ない」と他人事でスルーするのか、ITをビルトインしたストーリーを作って経営の理解を得るのか。その差は大きく、IT職場の社内プレゼンスを左右する。

事例　**人材獲得に成功している地方のIT企業**

　人材採用の課題を、IT活用（リモートワーク）により解決している中小企業の事例を紹介しよう。静岡県浜松市に本社があるNOKIOOは、Webシステムの受託開発から、現在は地方都市を中心としたRegional HR（地域の人材育成および組織開発）事業に軸足を移しつつある企業だ。社員の女性比率は高く、およそ7割が女性。一般に、地方の企業は人材獲得に苦労するというが、同社ではIT活用を推し進めたことで、良い人材を確保できている。

　同社の田中未樹さんは、本社のある浜松市から離れた大分県に住む女性エンジニア。フルリモートの在宅勤務で仕事をこなしている。大分県に転居してから、本社に出社したのは（記事執筆時点で）2回のみ。上司や同僚とのコミュニケーションにはMicrosoft Teamsを使用し、日々の進捗管理は「Redmine」を活用するなど、ITツールを活用して場所にとらわれない働き方を体現している。全員がITツール上で仕事をすることで、出社をしているメンバーも、リモートワークをしているメンバーも同じようにコミュニケーションをとっている（**図表1-4**）。

　もともと田中さんは浜松で採用され、浜松のオフィスに勤務をしていた。

図表1-4　NOKIOOにリモート勤務する田中さん（左）。浜松本社ではなく、大分県内の自宅やコワーキングスペースで働く（右）
（提供元：株式会社NOKIOO）

1年後、家庭の事情で大分に転居することになり、会社に退職の相談をしたところ、社長から次のように提案される。

「大分からリモートで勤務してみたら？　だったら辞めなくてもいいよね」。

　こうして、浜松─大分のリモートワークが始まった。リモートワークを始めたころはパートタイムで勤務していたが、2020年6月からはフルタイム勤務に変更し、活躍の幅を広げている。

ITサービスを使えば優秀な人材を発掘して中途採用可能

　労働人口の減少もあり、特に地方では「優秀な人材が集まらない」と嘆く経営者が増えている。そんなときこそITの出番だ。ここでITを使わずしてどうすると、声を大にして言いたい。

　最先端のITサービスを使えば、場所を問わず、優秀な人材を発掘して中途採用できることを、NOKIOOは証明している。中途社員だけでなく、会社説明会や採用面接をリモートで実施すれば、全国の学生に門戸が広がり、優秀な人材を獲得できるチャンスは広がる。自社の発展につながり、なおかつ地域にも貢献できる。IT企業だからこそ率先して、地理的・物理的なハンデを、テクノロジーを駆使してクリアしたい。

第2章

低プレゼンス型

2-1 IT部門のエンジニアが事務職扱いされる職場

「エンジニアは『事務職扱い』。どんなに技術を磨いても評価されない。モチベーションは上がらないよ」。

　こう語るのは、大手製造業のIT部門で管理職を務めたA氏。インフラ技術者として入社したものの、結局エンジニアらしい仕事はやらせてもらえなかった。だから評価もされない。

　この会社では、技術を駆使する仕事はグループのIT会社やビジネスパートナーに外注するのが昔からの慣習だった。それでは若手エンジニアのモチベーションは下がるばかり。不満が限界に達したA氏はついに同社を辞め、ITベンダーに転職。今はイキイキと仕事をしている。

　IT部門に所属していながら、会社からの扱いは事務職の1人。そのせいでIT部員のモチベーションが下がるケースは少なくない。ちなみにエンジニアなのに事務職扱いとは、大きく2つの意味がある。

・エンジニアなのに、評価制度やキャリア体系が事務職と同様
・エンジニア職種なのに、オフィス環境や勤務体系が事務職と同様

　どちらも、エンジニアのやる気を大いにそぐ。実は私も同じような経験をしてモチベーションが下がったことがある。だから、A氏の気持ちは非常によく分かる。

エンジニアに聞いた、やる気をそぐIT職場

　事務職の人にとっては当たり前の環境や待遇でも、エンジニアからするとやる気をそいでしまうことがある。現場のエンジニアの声に耳を傾けてみよう。

・固定席しかない
・1人当たりの執務スペースが狭い
・デュアルディスプレーが認められない
・パソコンのスペックが事務職と同じ
・使ってよいアプリケーションはオフィス系に限られる
・勉強会や技術会に行かせてもらえない
・資格の取得をサポートしてもらえない
・男性社員はスーツとネクタイの着用を義務づけられる
・昼休み時間が固定
・勤務時間帯が固定。前日の作業が深夜に及んでも翌朝9時に出社
・書類がやたら多い

　これではエンジニアのモチベーションも生産性も下がって当然。優秀なエンジニアほど、こうした会社には寄りつかなくなる。

「情報共有にはメールを使えよ」の一言にがっかり

　エンジニアにはなじみ深いSlack（スラック、メッセージアプリ）やオンラインチャット。読者のなかにも、これらのツールを使って社内外のエンジニアと積極的に情報交換している人が大勢いるだろう。ところが事務職場ではそうもいかない。

「Slackって何だ、そりゃ。会社のメールがあるだろ。メールを使えよ」

　IT職場に理解がない管理部門長があっさりと言い放つ。エンジニアにとっ

て心地がいい会話のスタイルで、気軽に情報発信できるメリットがあることに全く気づいていない。

　事務職しか知らない人には、そうした利点がなかなか伝わらない。わざわざメールを打つことが、いかに情報発信のハードルになるか。そこに思いが至らないのだ。こうして情報発信も情報共有もされない「おとなしい職場」になっていく。揚げ句の果てに「ウチのエンジニアはコミュニケーション能力が低い」といった烙印を押されてしまう。

IT部門を管理部門の配下に置くのは考えもの

　そのような問題が起きやすいのは、管理本部や財務本部といった管理部門やスタッフ部門の配下に、IT部門が置かれている会社だ。職種と職場環境のミスマッチが起きやすい。管理部門の「常識」に全体が引っ張られて、IT部員が事務職扱いされる。管理部門長がITを理解しておらず、エンジニアの心が分からないケースは絶望的だ。

　実は、最大の問題は評価制度や職場環境ではない。エンジニアは「自分たちがリスペクトされていない」と感じることに最も不満を募らせている。プライドが許さない。

　だからといって、組織体制を変えるのは一筋縄にはいかない。時間もかかる。現場レベルではどうにもならない。せめて課単位やチーム単位で、エンジニアにとって働きやすい環境を作って試行することをお勧めする。あるいはエンジニア向けのローカルルールをつくってみるのもいい。新しい技術導入に自分たちでチャレンジしてみるのだ。そんな小さなところからで構わない。IT職場の空気をポジティブに変えていきたいものだ。そうしないとIT部門は「骨抜き」になってしまう。

ダメ職場の問題構造 **4**

　IT部門のエンジニアが事務職扱いされる職場には、優秀なITエンジニアは集まらない。その問題構造はこうだ（**図表2-1**）。

　IT部門が管理部門の配下に置かれると、エンジニアのオフィス環境は事務職と同じになるほか、評価制度も管理部門と同じになる。そうなると、エンジニアは「リスペクトされていない」と感じ、モチベーションは下がり、技術力も上がらなくなる。また、管理部門配下の場合、外注依存度が大きくなる傾向があり、そうなると、技術が分からないIT部員が増える。

　そうして、IT部門が骨抜きとなる。IT部門の社内外での存在感は薄れ、優秀なITエンジニアが集まらなくなる。

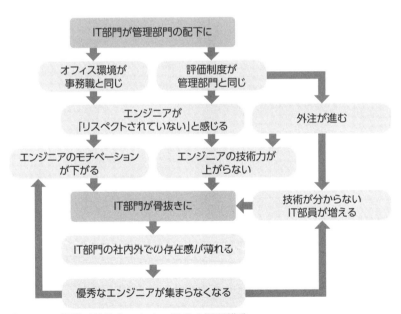

図表2-1　IT部門が骨抜きになるIT職場の問題構造
（出所：あまねキャリア工房）

2-2 熟練者しか操作できない社内システムがあるIT職場

　残念な社内システムがたびたび話題になる。例えば、「どこをどう操作したらよいか分からない」「用語が意味不明」「何度申請しても差し戻される」といったことが頻繁に起きる社内システムだ。笑い話で済むならよいが、社員の生産性やモチベーション、ひいては維持運用する情報システム部門のプレゼンスにもかかわる由々しき問題である。

「一見さんお断り！」の難解社内システム

　決裁システム、経費精算システム、購買システム、人事システム。こうした社内システムの画面を見ても、何をしたらよいかすら分からない。ユーザーフレンドリーとは程遠く、前時代感が満載のお世辞にもスマートとはいえない古臭い画面。直感的に操作できない。「歴史館かよ！」と叫びたくなる。大企業に勤務した経験のある人であれば、共感いただけるであろう。とにかく、とっつきにくく使いづらいのである。私も大企業勤務時代、さんざん苦労した。

　パソコンの前で固まっている初心者にベテラン社員は優しくこう言う。「はい、これが操作マニュアル。きちんと読んでね」。これまた厄介。広辞苑顔負けの分厚さ。とても読む気にならない。しかもろくに更新されておらず、抜け漏れだらけ、差分だらけ。システムを繰り返し使うならまだしも、年に1回しか使わないような「一見さん」にとっては迷惑極まりない。

　頑張ってシステムの操作方法を覚えて何とか申請を入力して送信すると、今度は人間系の関門が立ちはだかる。間接部門の審査担当があれこれとケチをつけ、申請は無慈悲にも差し戻される。「審査担当から差し戻されるリー

ドタイムを考慮したのか？」。上司からはこんな説教をいただく。ビジネススピードという発想が無い。社内のワークフローを見直そうとも、審査担当などの関連部署と戦おうともしない。世も末である。

　社員の生産性もモチベーションも下がる。無駄になった時間を本来の業務に使えたら、その分だけ組織も本人も成長できたはず。社員の時間泥棒、成長機会泥棒である。社内システムの操作が面倒くさすぎて、出張申請したくない、経費申請したくない、外注の稟議を起案したくない。だから、泣く泣く出張をあきらめる、必要な経費を会社に請求せず自腹を切る、外注をあきらめる。そんな社員もいる。組織として不健全極まりない。

　「プライベートで使うスマートフォンのアプリは何も考えずに操作できるのに、なぜうちの会社のシステムはこんなにイケていないんですかね？」。若手からはこんな不満の声も上がる。至極当然かつ健全な疑問である。

　残念な社内システムは、IT企業にも存在する。IT企業の場合、社員のエンゲージメント（会社への帰属意識や仕事に対する誇り）やブランド意識を下げかねない。「IT企業なのに何で社内システムがこんなにダメなのか」と。協力会社の社員も同じくあきれ果てる。

「プロ事務員」が別の問題を生む

　予算に余裕のある事業部門は、社内システムを操作する専用の事務員を雇う。「プロ事務員」の誕生だ。これで一般社員は社内システムの呪縛から解放されるかと思いきや、そうは問屋が卸さない。

　社内業務の知識やオペレーションがプロ事務員に属人化する。彼ら／彼女たちがいないと業務が回らなくなる。その立場を利用して横柄な態度を取るプロ事務員も出てくる。機嫌が悪いと、社内システムを使った申請や審査を急いでくれない。急ぎの案件に対応してくれない。一般社員はプロ事務員の

顔色をうかがいながら、仕事をお願いする。これまた実に内向きかつ要らぬストレスである。

　負の影響はそれだけにとどまらない。会社の経営状態が悪化すると、プロ事務員はリストラされやすい。プロ事務員がいなくなると、「これからは、社員が自分で社内申請業務をしましょう」となる。さあ地獄の始まりだ。プロ事務員仕様の社内システムである。社員は基本操作を理解するだけでも四苦八苦。複雑な操作が必要になると、阿鼻叫喚の地獄に落ちる（実際、私も自動車会社勤務時代にその光景を目の当たりにしたことがある）。

「エース級のベテラン社員に要件をヒアリング」がそもそも誤り

　残念な社内システムはどのようにして生き残るのか。ここでは2つの原因を取り上げる。

　1つ目は、「社内システムにまともな投資をしてこなかった」である。日本の組織の最も闇深い部分だ。これまで日本のレガシー大企業は、社内システムにまともな投資をしてこなかった。20年も30年も前に設計した業務プロセスと社内システムを、ITコスト削減の号令の下、刷新することなく継ぎ当てを繰り返してきた。

　運用保守費も削る一方だ。必要なコストまで削るものだから、運用も投げやりにならざるを得ない。必要なドキュメントが残っていない。更新されない。バージョン管理もままならない。その結果、社内システムはどんどんブラックボックス化する。ますます刷新も変更もしにくくなる。こうして、まるで石器時代に作られた社内システムが現役で動いているのだ。

　2つ目の原因は、「プロ事務員に言われた要件を実装してきた」である。「要件定義には、エース級のベテラン社員の参画をお願いします」。ベンダーによるシステム提案書のお決まりのフレーズだ。これが問題を招く。多くの場

合、プロ事務員が抜擢される。彼ら／彼女たちのマニアックな業務フローや勘所がそのままシステム化される。あるいは知識の属人化が著しくて、要件が十分に言語化されない場合もある。

　こうして、プロ事務員の、プロ事務員による、プロ事務員のための社内システムがスクラッチで開発される。あるいはせっかくパッケージを導入してもゴテゴテにカスタマイズされる。プロ事務員が豊富にいる時代ならまだそれでもよかった。しかし今は違う。少子高齢化や労働人口の減少でプロ事務員を抱える余力は無い。一般社員でも直感的に操作できる業務プロセスおよび社内システムが必要だ。

しびれを切らした事業部門はシャドーITに

　この状況が続くとどうなるか。事業部門は「情シス飛ばし」を始める。人事システム、経理システムなどどうしても全社統一で使わなければいけないシステムはさておき、ファイル共有サービスや情報共有基盤など部門固有で何とかできそうなものは、ベンダーと直に契約してITサービスを使い始める。いわゆる「シャドーIT」だ。おのずと社内における情報システム部門のプレゼンスは下がる。

　プレゼンスの低い情報システム部門は、まともに予算を付けてもらえなくなり優秀な人材が遠ざかる。古いシステムを延命させてきた背景も相まって、新しい技術を取り入れなくなる。二言目には「予算がないから」「現行踏襲」。情報システム部門の社員もベンダーもどんどん時代遅れになる。まさに、負のスパイラルだ。

　さらに大企業は「グループ経営」「全体最適」の名の下、世間離れした社内システムをグループ会社に展開しようとする。その結果、グループ会社の社員の生産性もモチベーションも下がる。不満は情報システム部門の現場担当者にぶつけられる。運用担当やヘルプデスクが気の毒だ。現場担当者は先人

の残念な遺産を引き継がされただけ。彼ら／彼女たちは悪くない。文句を言われたらそりゃモチベーションが下がる。

ダメ職場の問題構造 5

熟練者しか操作できない残念な社内システムがある企業には、優秀なITエンジニアは集まらない。その問題構造はこうだ（**図表2-2**）。

社内システムに投資してこなかったため、「イケてない」「難解すぎる」「複雑すぎる」システムになり、プロ事務員しか操作できなくなる。ただ、経営状態が悪化するとプロ事務員は継続して契約されず、一般社員が操作しなければならなくなるが、難解で複雑なので、一般社員の生産性もモチベーションも下がる。そうした要因をつくった情報システム部門のプレゼンスは低下する。

また、イケてないシステムには新しい技術を取り入れることができず、情報システム部員と担当ベンダーは時代遅れになり、これも、情報システム部門のプレゼンス低下につながる。

そうなると、情報システム部にまともな予算は付かず、良い人材を集めることはできない。そんな職場に優秀なITエンジニアは寄りつこうとはしない。

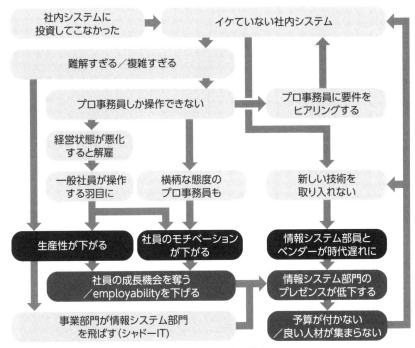

図表2-2　残念な社内システムが引き起こす問題構造
（出所：あまねキャリア工房）

2-3 存在感のないIT職場

　私の周りには、IT職場の「存在感のなさ」を嘆く人が実に多い。そんななか、IT職場の認知度や地位向上を目指す管理職が増えてきた。それ自体は素晴らしいことである。社内外から見て、存在感がある組織にこそ、優れた人材が集まり、質の高い仕事ができる。少子高齢化による労働力不足が加速するこれからの時代、どんな職種であれ、組織の存在感の大きさはマネジメントサイドの重要な課題になる。

　だからといって、単に「IT職場の地位向上！」と叫んでみたところで、どうにかなるものではない。IT職場の存在感の低さには、長い年月をかけて醸成された独特の組織風土が大いに関係している。私の感覚では、存在感がないIT職場には共通点がある。ズバリ、「近寄りがたい」のだ。業務部門からすると、IT職場で働く人たちとのやりとりは避けて通りたい。できれば関わりたくないと思えてしまう。その裏には、2つの根深い問題があると思われる。

費用対効果の質問ばかりされ、相談する気が失せる

　業務部門は常に、ビジネス課題を抱えて困っている。無駄な仕事は減らしたいし、業務スピードは上げたい。当然、売り上げや利益は伸ばしたいし、変化が激しい市場環境や法制度の変更には素早く対応したい。ほかにも今なら、時間や場所を選ばずに仕事ができるテレワーク環境を用意してほしい。もっと言えば、経営陣が現場に押し付けてくる「イノベーション」を起こしたい。

　何をするにせよ、今どきの仕組みにITは欠かせない。そこで業務部門はIT職場の担当者に相談に来る。「私たちの課題をITのチカラを借りて解決した

い」と。

　ところが、IT職場の人たちの多くは「クール」にこう言い放つ。「費用対効果は？」。会社のお金を使う以上、費用対効果の確認は必ず求められる。組織の一員として、極めて合理的な問いかけではある。

　しかし、相談してきた相手と一緒になって悩むわけでもなく、何とかできないかと知恵を絞るわけでもなく、紋切り型にいきなり費用対効果の話を持ち出されたら、どう思うか。業務部門は二度と相談する気にはならないだろう。業務部門から見るとIT職場の担当者は、控えめに言っても面倒くさい人たちなのだ。

　「だったら、自分たちで何とかするよ」「イケてるITベンダーを自分たちで探してくる」となるのがオチだ。わざわざ、費用対効果ばかり尋ねてくるIT職場の人たちに頭を下げ続けることはしない。業務部門は社内のシステム担当者に見切りをつけ、せっせとシャドーITに走り出す。

　IT職場側の人のなかには、時に「仕事を断るための口上」として費用対効果を口にする人がいるのでタチが悪い。こうした人には「私たちは目先のシステム開発・運用で手いっぱい」という心理が強く働いている。だが新しい仕事を拒み続け、今の仕事のやり方や技術を変えずに塩漬けのままでは、いつまでたってもIT職場の技術力や問題解決力は向上しない。

難解な専門用語を並べ立て、優越感に浸る姿が気に入らない

　IT職場のメンバー 1 人ひとりの振る舞いが組織全体の評判を下げているケースも少なくない。「あの人たちは専門用語ばかり並べ立てて、何を言っているのか、さっぱり分からない」「あいさつしても返事をしない」「いつも無愛想」——。

これらは業務部門の人たちからよく聞く、IT職場の人たちに対する不満だ。なかにはシステム担当者から「そんなことも知らないんですか？」と上から目線でものを言われて不快に感じた社員もいる。こうした日常の何気ない立ち振る舞いがIT職場の地位と評判を落とし、業務部門の人たちを自ら遠ざけてしまっている。

　もちろん、IT職場側にも言い分はある。一般に間接部門に属するIT職場はコストセンターと位置づけられている。自分たちが主体になって、会社に投資提案をできない。しかも最近のコストカットの嵐で、人的リソースが全く足りていない。何より「業務部門から、下請けのように見られている」と感じている。

　こうしたフラストレーションがIT職場の人たちに被害妄想を抱かせる。あるいは業務部門と自分たちを比べて、「私たちはあなたたちとは立場が違うんだ」と思わせる。その結果、無愛想になったり、難解な言葉の応酬で自分たちの存在感を少しでも示そうとしたりする行動が起きる。いずれにしても、これでは誰も幸せになれない。両者の距離はどんどん遠くなっていくばかり。

　社内の誰からも頼られず、リスペクトもされず、予算も権限もないIT職場だけが残る。こんな組織に優秀な人材が集まるわけがない。IT職場の存在感はますます下がる一方だ。典型的な負のスパイラルである。

ダメ職場の問題構造 6
　存在感のないIT職場には、優秀なITエンジニアは集まらない。その問題構造はこうだ（**図表2-3**）。

　IT職場には予算も権限のないことが多く、そうなると、相談に行っても二言目には「費用対効果」と言われる。また、業務部門とIT部門に壁があると、

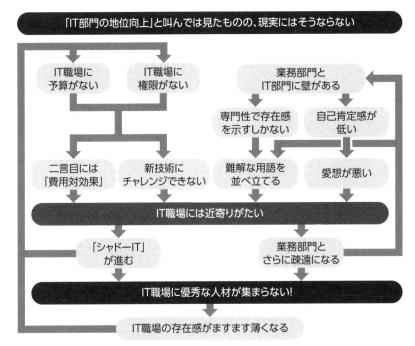

図表2-3　存在感がないIT職場の問題構造
（出所：あまねキャリア工房）

IT部員は専門性で存在感を示すしかなく、難解な用語を並び立てることになる。自己肯定感が低いと愛想も悪くなる。こんなIT職場には誰も近づかなくなる。

　そうなると、シャドーITが進み、業務部門との距離はさらに遠くなる。IT職場の存在感はますます下がり、負のスパイラルに陥る。そんな職場で優秀なITエンジニアは働きたいとは思わない。

2-4 対策 IT部門のプレゼンス向上と価値向上を進める提言

　私が見聞きする限り、日本におけるIT部門およびIT担当（以下、IT部門と称す）のプレゼンスはお世辞にも高いとは言えない。

　一方で、ITはもはやビジネスの要であり、いかなる業種においてもITおよびIT部門に正しく投資されるよう経営をドライブしていく必要がある。IT部門が社内で市民権を得ていくにはどうしたらよいか。経営と現場、それぞれでできることを提言する。

経営への提言1　体制や評価制度を管理部門と分ける

　本編でも述べた通り、IT部門を管理部門配下におくのは考え物である。求められるスキルやプロフェッショナリティ、ロールモデル、最適な職場環境・制度のいずれも、事務職とは違うからだ。とりわけ事業部門のIT担当は、事業部門が社員に求める期待役割と、IT担当者に必要とされる期待役割やスキルが全く異なり、途方に暮れる社員も少なくない。

　IT部門は管理部門配下に置かず、R&D部門配下、あるいは社長直轄組織にするなど、予算や人事評価および育成の面である程度独立させた方がよい。管理部門下では、未来に向けた投資もされにくく、技術革新も期待できない。最新技術やサービスを導入する、あるいは試してみることは社内の生産性向上はもちろん、未来の経営基盤をつくることにもつながる。また、何よりIT部門の社員や協力会社スタッフの育成にもつながる。

　だからといって、「IT部門を子会社化して切り出す」というのは、よく考えてほしい。IT機能を丸ごと子会社にアウトソースすると、本社にITをドラ

イブする機能がなくなり（かつ子会社はどんどんと受け身になり）機能不全に陥ってしまう。

経営への提言2　エンタープライズセンスのあるCIOを据える

ITは経営の要である。そう気づいた企業は、CIO（Chief Information Officer；最高情報責任者）職を設置するようになった。それ自体はとてもよい潮流だが、その取り扱い、および人選には慎重になりたい。

最悪なのは、「なんちゃってCIO」「ついでにCIO」である。全くITの技術もマネジメントも分からない人（例えば管理部門の役員が兼任）では、体面を保つためのお飾りとしてしか機能しない。ITのセンスも勘所も持っていないと、予算は付かないわ、部下はCIOへの無駄な説明と説得に疲弊するわで、いいことなし。また、保守的な人材をCIOに据えるのも問題である。自分の任期中は無傷でいたいがために、新しいチャレンジをせず、IT部門の価値創出を妨害しかねない。

最近は「武闘派CIO」なる血気盛んなCIOも登場している。クラウドなどを積極的に導入し、情報システム部門のプレゼンス向上と技術力向上、ビジネスに貢献している。このような流れが加速してほしい。トップが変わらなければ部門の風土は変わらない。そのためには、外の人材（転職者）をCIOにアサインする方法もある。

経営への提言3　チャレンジする領域をつくる

IT部門は、最新技術にチャレンジしてなんぼ。レガシーな基幹システムを守っているだけでは、経営者に価値を訴求しにくく、社内の市民権も得にくい。何かしら、新たな技術にチャレンジする領域をつくる必要がある。手始めに社内システムから始めてみてはどうだろうか。

チャレンジする機会のないIT部門には、やる気のある社員や協力会社のス

タッフはやがて愛想をつかす（というより、プロとして成長できないことに焦りを感じ始める）。そして、異動や転職をぼんやり考えながら空を眺め始める。「事業会社や事業部門の方がIT人材として成長できていいなぁ……」と。

トップは、彼ら／彼女たちのために最新技術やクラウドサービスを扱う機会を作ってほしい。えっ、「セキュリティーが心配でクラウドは問答無用でNG？」。そういうことを言っている限り、残念な社内システムがもたらす無間地獄から抜け出せない。

現場への提言　まずは「最近、変わったね」と言われるところから

最後に、IT職場の現場に提言したい。「最近（IT部門が）変わったね」と、他部門の人たちから言ってもらえるようになる。それこそが、IT部門の存在感を高めるための一丁目一番地である。ちょっとしたことでも、業務部門との間に立ちはだかる壁に風穴を開けることは可能だ。新しいITを使った社内サービスをスモールスタートで始めてみてはどうだろうか。

・社内勉強会を開催して専門用語や知識を業務部門の人たちに教える
・業務部門のレイアウト変更やオフィス移転などを率先してサポートする
・プロジェクトマネジメントの手法を使って業務部門の課題を解決する

これらだけでも十分なきっかけになり、業務部門から「ありがとう」と言われるようになる。続けていけば、少しずつ業務部門の人たちから悩みごとを打ち明けられるようになる。やがて、業務部門とIT部門の距離が縮まるだろう。

そうすると、IT部門のメンバーに、仕事に対する誇りが芽生え、自然に笑顔が出るようになる。

いま、世の中では勝ち部署と負け部署の格差が広がっている。同じ社内で

あっても、勝ち部署にはどんどんと予算を当てがい、新たなチャレンジの機会が与えられ、優秀な人材を集めて新たな価値を出す。

　一方で、負け部署は……お察しの通りである。IT部門を勝ち部署に変革するか、負け部署のままシュリンクするか。経営、部門長、中間管理職、そして現場の社員や協力会社スタッフ。それぞれの立場で何ができるかを考えて、一歩踏み出してほしい。

レガシー製造業スタイル型

3-1 昼休み短く室内は薄暗い製造現場のような職場

「職場の昼休みは45分。しかも時間が固定で全く自由がないんです」

　大手製造業に常駐するITエンジニアのAさんはため息交じりに職場環境の不自由さを嘆く。昼休みが45分しかないものだから、社員食堂で食事するしかない。混雑した階段を使って社員食堂に向かうと長蛇の列。ただでさえ短い休憩時間がどんどん奪われる。食事のスピードも「待ち人たち」の圧力で早くなる。健康にも悪影響だ。

　昼寝したりスマートフォンを触ったり、ゆっくりトイレに行ったりする時間などない。銀行やコンビニなどでプライベートな所用を済ませたくても無理だ。

　いわば「レガシー製造業型」のIT職場である。私も経験がある。画一的かつ強制労働的な職場環境はIT人材の生産性やモチベーションを大いに下げる。実際、そんな職場にいたときは、モチベーションもエンゲージメント（会社への帰属意識や仕事に対する誇り）もだだ下がりしたものだ。

　「昼休みは45分でいいから、その分早く帰りたい」。そうしたい人は、そうすればよいだけだ。皆が横並びである必要はない。それ以前に、そもそも1日の労働時間を固定するのが正しいのか。週5日も働く必要があるのだろうか。

「DXだ！」「イノベーションだ！」と叫ぶトップ

　休憩時間だけではない。次のようなレガシー製造業型の職場環境や制度は、IT人材のように本来クリエーティブな仕事をする人たちの足を引っ張る。

・外出も出張もさせてもらえない（出張費用をケチる。出張申請承認プロセスが煩雑で果てしなく面倒くさい）
・執務は固定席、会議は会議室（フリースペースや休憩スペースすらない）
・オフィスが暑い／寒い、薄暗い……（設備や電気代をケチる）

　一方で経営トップはこう叫ぶ。

「DXだ！」
「イノベーションせよ！」
「生産性を上げろ！」

　いやいや。この旧態依然のけん怠感しかない環境では、DXどころか、業務の生産性向上すら無理でしょう。

　「え、環境を言い訳にするな」ですって？　出た！　昭和型の気合い・根性論。そういうことを言っているから、優秀な人材がどんどん遠ざかる。ずばりトップが自分たちに都合のいいことだけを勝手に言っているだけ、あるいは単に経営者面、部門長面したくて「DX」だの「イノベーション」だのそれらしいマネジメントキーワードを言ってみたかっただけ。そのようにしか聞こえない。こうして、IT人材のモチベーションはどんどん下がる。

統制型一辺倒のマネジメントは絶望的に時代遅れ

　私は何もレガシー製造業型の働き方を否定しているわけではない。かつての大手製造業のような、いわばピラミッド構造のトップ（経営層や企画部門など）が答えを持っていて、それに従って仕事をすれば生産性が上がり健全に利益も上げられるビジネスモデルならばいいだろう。従業員や協力会社の人たちもそのピラミッド構造の中で一生（定年後も）安泰に生活できるビジネスモデルなら何も問題はない。

しかしながら、これからの時代はそうではない。環境変化も技術革新のスピードも速い。技術にたけた、あるいは最新のトレンドに敏感な若い人材が答えを持ち得る。一方、労働人口の減少で優秀な人材の獲得がいよいよ厳しい。答えを出せる人材が組織の中にいるとは限らない。

　今はトップやベテランが答えを持たない時代、組織の中に答えがない時代だ。統制型（ピラミッド型）からコラボレーション型（協創誘発型、オープン型）のマネジメントも取り入れていかなければ勝てない。かつての大手製造業の統制型（ピラミッド型）のマネジメント、および工場のような生産現場だけに最適化された制度や職場環境は、IT人材のようなクリエーティビティー（創造性）やアジリティー（俊敏性）が求められる職種においては致命的である。自社の社員はもちろん、協力会社やサプライヤーのIT人材の成長機会も奪う。

　そもそも、統制型（ピラミッド型）のマネジメントスタイルは性悪説に立脚している。会社が決めたルールや業務プロセスが絶対で、それに従ってさえいれば、生産性高く正解を出し続けられる。だから、ルールも働き方も皆一律で、逸脱する人を生まないための性悪説に立脚したマネジメントが正しいとされる。

　その逆をいくのが「コラボレーション型」のマネジメントだ。人と人、組織と組織、知識と知識の共有と掛け合わせでコラボレーションを生んでいくために、従来の壁を取り払う。おのおのの能力や趣向をリスペクトし、専門性やミッションに合った働き方を選択させる。性善説に基づくマネジメントである。

　組織全体では難しくても、少なくともIT職場においてはIT人材がクリエーションやコラボレーションをできるような「性善説型」の人事制度や職場環境に変えていこう。そうしなければ、DXもイノベーションもはたまた生産

性向上も期待できない。

「IT職場だけ自由にするのは不公平だ」との同調圧力

　繰り返し言う。性悪説型のマネジメントは、働く人たちのモチベーションやエンゲージメントを奪う。がんじがらめでケチくさい職場環境にいて、イキイキと仕事をできるわけがない。「プロとしてリスペクトされていない」「健全に成長できない」。こう感じたIT人材はコラボレーション型環境の職場に転職する。

　このようなことを言うと、統制型（ピラミッド型）のマネジメントを継続している製造業の人から批判的なコメントをいただくことがある。「製造現場は今までの環境で頑張っている。IT職場だけ自由にするのは不公平だ」。いやいや。そんな同調圧力によって皆が等しく不幸になってきたのだ。私に言わせれば何でもかんでも製造現場に合わせることこそが不公平である。

　前述の通り、私は統制型（ピラミッド型）のマネジメントを否定しているわけではない。しかしそれが合っている製造現場とIT職場のようなクリエーティブな現場では、適切な職場環境もマネジメントも異なって当然だ。職種が異なるからである。「同じ社内」「同じ業界」の枠組みで、公平／不公平を論じることがそもそもナンセンスだ。

　生産性が高い状態とは、個人あるいはそれぞれの職種がおのおのの「勝ちパターン」で仕事をできる状態を指す。私はこう説明している。製造現場にとっての「勝ちパターン」はIT職場では「負けパターン」になり得る。これでは誰も得しない。

　たとえば、いいかげん、自動車業界などに見られる「工場に合わせて祝日も出勤」はやめてはどうか。IT職場を含むすべての技術職や事務職が祝日に出社する合理性がどこまであるのか。その分、十分な休養を取ってリフレッ

シュしたり、世間の風に触れてアイデアを得たりする方がよい。

　「え、製造現場で働く人たちに不公平だ？」。ならば手当てなどでカバーすればよい話だ。「皆で一律に苦しむ」必要はない。そんなことをしているから、イノベーティブな人材がどんどん遠ざかる。皆で苦しむというのは日本らしい発想だが、いいかげんその横並び発想を捨てなければ生産性もモチベーションも下がる。日本の生産性は高くない。

職場環境の向上に投資するようバックオフィス部門に働きかけよう

　返す返すも、統制型（ピラミッド型）一辺倒のマネジメントはもう絶望的に時代遅れだ。性悪説型のマネジメントやケチくさい組織では人材のモチベーションは上がらない。とりわけDXやイノベーションが求められるIT職場では、旧態依然の働き方の強要は致命的でさえある。

　全社横並び、全職種横並びの統制型の人事制度や職場環境を改めるべく、そろそろIT職場から経営層や人事・総務・経理・購買などバックオフィス部門に働きかけてほしい。正当に戦ってほしい。レガシーなバックオフィス部門は悪気なく統制型のやり方を貫きたがる。それが組織の活力を奪っているとは知らずに。バックオフィス部門がアップデートされ、IT職場をはじめとするプロフェッショナル集団が正しく活躍できる制度や環境を構築・運用できたなら、バックオフィス部門の価値も間違いなく上がる。

　統制型、完全ピラミッド型、性悪説型のマネジメントはもう限界である。ABW（1-3参照）の発想を取り入れ、IT職場の「勝ちパターン」をバックオフィス部門とのコラボレーションで健全に実現していってほしい。それは社会のためでもある。今なら「働き方改革」という絶好の大義名分がある。これを機にバンバンと環境改善に投資するように働きかけてほしい。

ダメ職場の問題構造 7

　レガシー製造業のようなIT職場には、優秀なITエンジニアは集まらない。その問題構造はこうだ（**図表3-1**）。

　昼休みが短く固定されていれば、昼寝もスマホいじりもできない。外でのランチもできず、井の中のかわずになってしまう。フリースペースも休憩スペースもなく、オフィスが暑い・寒い・薄暗い……そんな職場では新たな発想なんて生まれず、モチベーションもエンゲージメントも生産性も下がる。

　トップが「イノベーションせよ！」「ＤＸだ！」「生産性を上げよ！」と言っても現場は何も変わることはない。優秀なITエンジニアほど、こうした職場環境には敏感で、決して働こうとはしない。

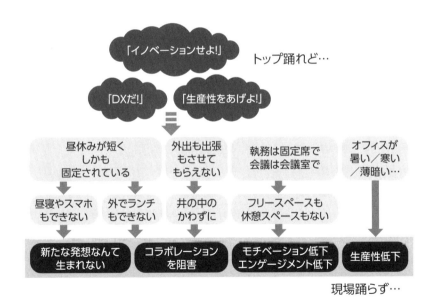

図表3-1　レガシー製造業型のIT職場の問題構造
（出所：あまねキャリア工房）

3-2 ベテランたちだけで決める井戸端型意思決定職場

　大手製造業の情報システム部門に勤務するＡさんは、業務システムの運用・保守を担当している。ある日の午後、上司から担当システムの仕様変更を唐突に言い渡され困惑する。

Ａさん「え、この機能、仕様変更したんですか？」
上　司「ああ、先週、Ｂさん、Ｃさん（ともにベテラン）と立ち話して決めた」
Ａさん「勝手に変えてもらっては困ります。他システムとのインターフェースに影響が……」
上　司「この仕様がベストだよ！ それに、いまさら言われても遅い」
Ａさん「勝手に変えないでください。それに、変更の情報は事前にメンバーに共有してもらわなければ困ります」
上　司「そんなの、その場にいないお前が悪いんだろう。情報は自分から取りに来い！」
Ａさん「（もう、この職場無理。辞めたい……）」

　親しい人たちやベテランだけの立ち話の場で意思決定してしまう。重要な情報を他のメンバーには共有しない。このような「井戸端型」の意思決定や情報共有が平然と行われるレガシーなIT職場がいまだにある。「え、何が悪いの？」と思ったそこのあなた！ とっても残念。大いに悔い改めてほしい。「井戸端型意思決定」スタイルは組織と個人の未来の成長を妨げる。

メンバーのモチベーションを下げる

　その場にいる人だけで、あるいは話が早いベテランたちだけで物事が決められてしまうと、そこにいない人、その輪に入れない人からしたらたまった

ものではない。とりわけ、社歴の浅い若手や中途入社の人、協力会社のスタッフなどは蚊帳の外にされやすい。

　私も若手の頃、大手製造業のITシステム開発プロジェクトの現場で経験した。世代の近い、気の合うベテラン同士だけで勝手に盛り上がっている。廊下やタバコ部屋で、わいわいがやがや。「私（たち）にも情報共有してくれ」と言おうものなら、面倒くさそうな顔をする。

　「その場にいないお前が悪い」「君がそこにいなかったのだから仕方がない」と逆ギレする。このようなベテランは社会人、組織人、いや、人間としても最低である。こうしてチームメンバーの組織に対するエンゲージメントがどんどん下がる。仕事に対する積極性も主体性も奪われる。すなわち、チームビルディングにも影響する。

後々の無駄な仕事を増やす

　情報共有不足は、チームメンバー同士での行き違いや仕事の手戻りを発生させる。以心伝心であると思われる仲良しベテラン同士でさえも認識が違っているから厄介だ。言わずもがな、後になればなるほどリカバリーをするための時間も労力も増える。最悪の場合、「運用でカバーしてくれ」となる。目も当てられない。

　「井戸端型意思決定」スタイルにはメリットもある。とにかく手っ取り早い。少人数で完結するスタンドアローンな業務であればそれでもよかろう。しかし、なかなかそうはいかない。IT職場の仕事は、多くの関係者や後工程（運用・保守など）の人たちで成り立っている。「井戸端型意思決定」スタイルはその場は楽かもしれないが、チームの協力関係や一体感醸成、育成、さらには後工程や未来の人たちへの影響も考慮すると褒められたものではない。未来の時間泥棒なのである。

罪はそれだけではない。「井戸端型意思決定」スタイルはリモートワークなど新しい働き方の普及、ひいては事業継続をも妨げる。

コラボレーションできない残念な組織に

リモートワークは、新型コロナウイルスの影響で、日本の企業でも広がりつつある新しい働き方だ。リモートワークをうまくやるにはZoom、Slack、Microsoft TeamsなどWeb会議やビジネスチャットのツールの活用が欠かせない。

ところが「井戸端型意思決定」スタイルの人たちはそうしたツールを活用してコミュニケーションしない。雑に言い放って済む世界で暮らしていたのだから、当然そうなる。あなたたちはそれでもよいかもしれないが、古い仕事のやり方に付き合わされる周りの人たちはたまったものではない。わざわざ出社してその場に居合わせなければならず、ITを駆使しない残念な人材に成り下がってしまう。

「井戸端型意思決定」スタイルは周りの人たちを時代遅れにする害悪だ。さらに情報がその場にいない人に共有されない。意思決定の背景や根拠が残らない。後からその情報を検索できない。これでは皆が後々困る。時代の背景やトレンドを勘案しても「リモートワークできません」は組織のリスクである。

パンデミックが現実のものとなりつつある時代だ。リモートで実施できない仕事のやり方は事業継続性のリスクである。少子高齢化による労働力不足の時代である。これからはコラボレーション（協業、共創）により課題解決や新たな価値創造がますます求められるはずだ。正社員だけで、あるいは物理的にその場にいる人たちだけで、あうんの呼吸で何とかなる時代はまもなく終わる。

「井戸端型意思決定」スタイルの住人は、簡潔に話をするのが苦手

　井戸端型のコミュニケーションスタイルは、リモートワーカーや社外のビジネスパートナー、専門家などとのコラボレーションを阻害する。「井戸端型意思決定」スタイルの住人は、簡潔に話をするのが苦手だ。

　それでも心あるベテランは、リモートスタイルに移行しようとする（あるいは、会社から言われてしぶしぶ取り組む）。「よし、Slackを使ってみよう！」。その姿勢は大変素晴らしい。しかしながら、次なるトラップがある。Slackをはじめとするビジネスチャットでは、手短なテンポの良い会話が好ましい。以下にポイントを挙げる。

・結論から話す
・発言の種類（「質問」「意見」「提案」「参考情報」など）を明確にする
・一文、一文を短くする
・スタンプで意思表示する

　ところが、井戸端型のコミュニケーションに慣れきった人は、往々にして話が長い。何を言いたいのか分からず、相手の時間とカロリーを奪う。さらに、そういう人たちは職位順にあて先を並べないと機嫌を損ねる。用件だけで済ませようとすると「失礼だ」と怒る。

　こうして、ビジネスチャットなどツールのメリットを台無しにしかねない。揚げ句の果てには「やはり、チャットはだめだ」と、なにかと理由をつけてレガシーなやり方に逃げようとする。「そうは言うけどさ、俺たちは忙しいんだよ……」。「井戸端型意思決定」スタイルのベテランさんたちはこう言い放つ。

　いやいや、若手だって協力会社の人たちだって十分忙しい。それを、ベテランサイドだけの都合で「情報は取りに来い」「その場にいないお前が悪い」はあまりに傍若無人、身勝手というものである。仕事や技術に対するファン

がどんどん遠ざかる。ズバリ、「井の中のかわず」なのである。井の中のか
わずには2つの特徴がある。

(1) 外を知らない

　他組織や他業界の仕事のやり方を知らない。その狭い視野でもって、自分
たちのやり方を正当化する、あるいは非効率や不健全さを疑おうとしない。
近視眼的な、その場の楽さだけで仕事を進める。

(2) 外に行かない

　この手の人たちは、ずっとオフィスに張り付いている。その場にいない人
たちと協業する感覚がない。

　部下や取引先を平気で呼び出す。相手が自分の都合に合わせて来てくれる
ものだから問題意識を持たない。紙やハンコベースの仕事からも脱却できな
い。メールのやりとりにしても、添付ファイルをzip圧縮してパスワードをか
け、パスワードを別送するなど、モバイルデバイスを使って仕事している人
からすれば迷惑千万（外出先からモバイルで見ることができない／しにくい）
なやり方を悪気なく繰り返す。相手もオフィスに張り付いて、デスクトップ
パソコンで仕事していると思っているかのごとく。想像力の欠如も甚だしい。

　IT活用による情報共有を促すと、二言目には「セキュリティー」で突っぱ
ねる。他社事例を出そうものなら「ウチはよそとは違う」と言い訳する。あ
るいはセキュリティーに対して過敏過ぎる。セキュリティーを守りつつリ
モートで仕事をしている組織に謝ってほしい。そもそもIT人材としていか
がなものか。

重要情報の共有や意思決定が井戸端ではマズい

　雑談・相談はよいが、重要情報の共有や意思決定が井戸端ではマズい。こ
のようなことを言うと、お叱りを受ける。

「タバコ部屋のコミュニケーションも大事だろう」
「雑談がないとギスギスする」

　気の合う仲間同士の雑談や相談はメンバー間の相互理解につながり、リフレッシュにもなる。そこから、仕事のアイデアやヒントが生まれることもある。その点は否定しないし、むしろ推奨したい。しかしながら、重要情報の共有や意思決定をその場で済ませてしまってはマズい。

　「それ、Slackに書いて」。あるWeb制作会社の社長は、休憩スペースや廊下など、オフラインの場で社員から意見や提案を受けたとき、決してその場で判断しない。手間でも社内Slackに書くよう指導している。そして、その場にいない社員の意見も聞いた上で意思決定する。その社長は「井戸端で聞いた話だけで、意思決定してしまっては不公平ですから」という。これぞ、これからの時代のコミュニケーションスタイル、意思決定スタイルであろう。

　「井戸端型意思決定」スタイルは、古い人たちの仲良しクラブのスタイルである。幼稚園児かよ！とも言いたくなるが、それでは幼稚園児に失礼だ。最近の幼稚園の子どもたちは、新しく入ってきた子を見つけると率先して声をかけて輪に入れてあげるなどとても優しい。

　コミュニケーションのやり方やマネジメントの仕方においても、ITを駆使し、ITとアナログをうまく組み合わせ、世の中に見本となる背中を見せてほしい。IT人材にはその責任がある。それができないIT組織は滅びゆくだろう。いや、とっとと滅びてしまえばいい。社会的にも未来に対しても迷惑だから。

ダメ職場の問題構造　**8**

　ベテランたちだけで決める井戸端型意思決定スタイルの職場には、優秀なITエンジニアは集まらない。その問題構造はこうだ（**図表3-2**）。

井戸端型意思決定スタイルの背景にあるのは、ベテランの近視眼的な殿様意識や組織内のヒエラルキー構造、井の中のかわず体質、そして、IT企業なのにITツールを導入したがらないことなどだ。こうした背景によって井戸端型意思決定スタイルが生まれている。そのスタイルは、その場にいる人だけで物事を決め、その場にいる人しか重要情報が共有されない。

　そうなると、若手は蚊帳の外になってモチベーションは下がり、行き違いや手戻りが多発して無駄な仕事が増えてしまう。また、ITを活用しようとしないので、旧態依然の職場環境が改善されることはなく、人材は成長も活躍もできない。組織として健全に進化できず、そんな職場に優秀なIT人材は来ない。それどころか、若手社員も愛想をつかしてやめていくだろう。

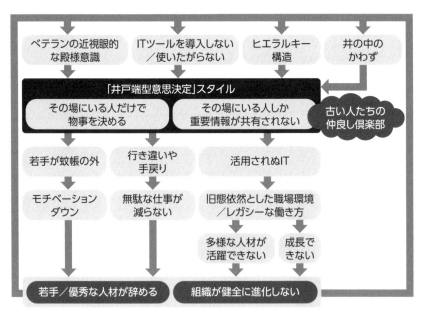

滅びゆくレガシー組織…

図表3-2　「井戸端型意思決定」から脱却できないレガシーIT職場の問題構造
（出所：あまねキャリア工房）

3-3 フリーランスとの取引ができないIT職場

「申し訳ありません。フリーランスの方との取引はNGだと、経理から待ったが掛かりました」

　先日、私に講演を依頼してきたあるIT企業の担当者からこう言われ、言葉を失った。個人事業主になって5年半。既に100を超える企業、自治体、官公庁と取引してきた。古くから続く大手製造業やインフラ企業が大半を占めるが、その中には自社のルールを変更してフリーランスとの取引を始めた企業もある。そういう世の中の潮流にあって、よもやIT企業から「フリーランスとの取引はNG」と言われるとは思ってもみなかった。

　そのIT企業の担当者は、経理のルールは守らなければならないが、どうにかして講演を発注したいとのことだった。「どこか間に入ってくれる会社はありませんか」と打診された私は、エージェントとなる会社を見つけて、IT企業との契約にこぎつけた。契約できて良かったと済ませるわけにはいかない。エージェント探しに要した手間は全くの無駄。しかも、マージンが発生する。

　今回は良心的なエージェントを見つけることができたが、見つからなかった場合は案件を辞退せざるを得ない。そうなれば、痛手を被るのは受注者である私だけではない。発注者のそれまでの段取りも水の泡だ。

本社組織の思考停止が、IT職場の成長を妨げる

　「フリーランスとの取引はNG」にも合理性があるかもしれない。例えば大手製造業での資材調達のような中核業務を丸ごとフリーランスに委託するの

は、現実的ではないだろう。

　しかしシステム企画や開発、マーケティング支援、広告宣伝、社員教育、コンサルティングなどはその限りではない。フリーランスの優秀な人材が知識や技術力を有し、大きな価値を生み出すケースはいくらでもある。とりわけIT職場は、自社内に限定せずいかに優秀なエンジニアやコンサルタントを確保するかが、組織の価値を左右するといっても過言ではない。

　社外の優秀な人材とのコラボレーションは、IT職場にとって組織としての成長機会でもある。ところが、いわゆる本社組織が「フリーランスとの取引はNG」のような古いルールや慣習に固執すると、IT職場は成長機会を逸する。これは由々しき問題である。

「仕事ごっこ」をなくしコラボレーション促進を

　取引先や社外の専門家とのコラボレーションを邪魔する慣習やルールは、他にも山のように存在する。以下に例を挙げる。

・必ず対面で打ち合わせ（リモートはNG）
・すべての添付ファイルを圧縮し暗号化
・すべての書類で押印した紙の原本が必須
・手書きの書類を提出させる
・必ず相見積もりを取る
・クラウドサービスの利用は一切NG

　織り姫と彦星の出会いを引き裂くかのごとく、これらの「仕事ごっこ」が社外とのコラボレーションによる成長機会を遠ざける。とりわけスピードと柔軟性が求められるIT職場では致命的だ。古いルールや慣習にとらわれた会社のIT職場が「仕事ごっこ」にまみれている間に、スピード感のある先進企業はとっとと優秀な相手とつながり、さっさと成果を出す。

「いい取引先がいない」「優秀なエンジニアが見つからない」「外注コスト
が高い」「有識者がいない」。こんな状況は、あなたのIT職場の本社組織のルー
ルや慣習が原因かもしれない。

時代は、統制型からコラボレーション型へと進んでいる。少子高齢化によ
る労働力不足、さらにはグローバル競争が激化するこれからの時代、自社単
独で成長し続けることは難しい。社外の専門家、取引先、競合他社、顧客、
地域社会とのコラボレーションを促進していかないと、継続的な発展はあり
得ない。フリーランスも、コラボレーションするパートナーの1つだ。

本社組織は自らをアップデートし、コラボレーションの足かせをどんどん
取り払ってほしい。それが、本社組織とそこで働く人たちの正しい価値向上、
現場との相互リスペクト醸成、社外のファン創出、すなわち組織のブランド
価値向上にも寄与する。

ダメ職場の問題構造　9

「フリーランスとの取引はNG」といったダメなルールがあるIT職場には、
優秀なITエンジニアは集まらない。その問題構造はこうだ（**図表3-3**）。

本社組織が社外の事情や現場を知らなければ、組織も意識もアップデート
されない。「前例がない」ことはやらなくなり、古いルールや慣習がそのま
まになってしまう。そうなると、前ページに書いたように、「必ず対面で打
ち合わせ」とか「クラウドサービスの利用は一切ＮＧ」といったルールが適
用され、現場のコラボレーションの足かせになってしまう。これでは、組織
も個人も成長できない。優秀なエンジニアは、そんなIT職場で働きたいと
は思わない。

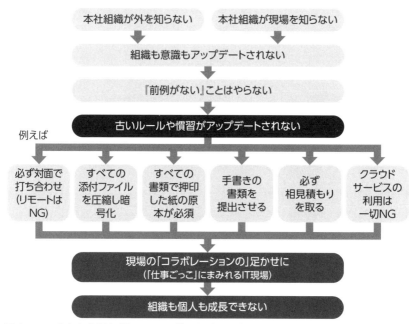

図表3-3　残念な本社組織によって「仕事ごっこ」にまみれるIT職場の問題構造
（出所：あまねキャリア工房）

3-4　対策　IT職場の「勝ちパターン」を正しく言語化しよう

　旧来製造業型のマネジメントスタイルや組織風土は、もはや限界である。この本を手に取られている読者の皆さんであれば、おそらく薄々感じられていることではないだろうか。世界に目を向けても、いわゆる「GAFA」を筆頭とする非製造業型のオープンな組織がイノベーションを起こし、マーケットを牛耳っている状況だ。日本の製造業型のやり方はもはや「負けパターン」になりつつあると認めざるを得ない。

　少々大きな話になったので、IT職場に話を絞ろう。IT職場においても、旧来製造業型のマネジメントスタイルや組織風土に引っ張られると、「チャレンジができない」「優秀な人材を維持獲得できない」「会社が期待する成果を出すことができない」「イノベーションが起こり得ない」、すなわち「IT職場の勝ちパターンを実現できない」ジレンマに陥ってしまう。

　これからの時代は、業界カットや会社カットではなく、IT部門、営業部門、研究開発部門、製造現場など、職種単位で「勝ちパターン」を実現していかなければ、業界もろとも、あるいは会社もろとも仲良く沈没する時代である。職種カットで「勝ちパターン」を言語化して実現していく必要があるのだ。その第一歩として、自職種、すなわちIT職種（IT職場）の「勝ちパターン」を言語化しておこう（**図表3-4**）。

	統制型（ピラミッド型）	オープン型
	旧来製造業 モデル	イノベーション モデル

体制・環境	トップダウン型	コラボレーション型
マネジメント	性悪説	性善説
コミュニケーション	報連相	雑相（ザッソウ）
情報共有	クローズ・逐次共有	オープン
鯛度・風土	横並び主義	違いを認め合う／活かす
	失敗を許さない	トライ＆エラーが評価される
仕事の進め方	ウオーターフォール型	アジャイル型

図表3-4　これからの時代のマネジメント
（出展：あまねキャリア工房　作：沢渡あまね／noa）

IT職場の勝ちパターン1　体制・環境面

　旧来製造型の組織においては、いわゆる「トップダウン型」が合理的であるとされる。経営者や企画部門などが答えを持っていて、その答えを実現すべく、各部門は「上にならえ」で指示に従って決められた作業をしていれば勝てた。しかしながら、これからの時代はそうではない。経営者も企画部門も答えを持ち得ない時代である。ITのような変化のスピードが速く複雑性が強い領域においては、若手や社外の専門家が解決策やヒントを持つ可能性が高い。

　そのような環境においては、「私たちの困りごとがこれで」「私は何ができる人で」「あなた（たち）は何ができる人で」「だから、私（たち）はこのような役割を果たし、あなた（たち）にこれを期待する」をオープンに発信および受信し、自社や自部署に足りない機能を補い合って物事を解決していくスタイルをとるべきである。それを「コラボレーション型」と呼ぶ。

IT職場の勝ちパターン2　マネジメント

　旧来製造業型の組織では、性悪説のマネジメントスタイルが良しとされてきた。皆が同じ行動をし、規定された品質目標や歩留まりを達成して高品質の製品を作り出すことが正解と見なされた。

　一方で、コラボレーション型のマネジメントでは、性悪説のスタイルは必ずしも合理的であるとは言えない。上司も部下もお互いをプロとして信頼しあい、会社はプロが本来価値を発揮するための環境を提供し、そこで働く個人はその環境をフルに活用してプロとしてのパフォーマンスを発揮する。統制型のマイクロマネジメントではなく、相手を信頼する性善説のマネジメントに変えていく必要がある。

　「サボるかもしれないからテレワークはNG」という発言の背景にも、性善説ではなく、性悪説に根差した統制型のマネジメントスタイルが見え隠れする。

IT職場の勝ちパターン3　コミュニケーション

　旧来製造業型の組織では、いわゆる報連相（報告、連絡、相談）型のコミュニケーションが良しとされる。報連相は部下から上司にするものなので一見するとボトムアップスタイルに見えるが、報連相のテーマは上司が決めていたり、報連相をするタイミングやお作法も上司の気分に左右されたりするので、実情はトップダウン型のコミュニケーションスタイルである。

　コラボレーション型の組織では、「雑相（ザッソウ）」が効果的である。雑相とは、全社員リモートワークで有名なソニックガーデンの社長、倉貫義人さんの発案で、「雑談と相談」あるいは「雑な相談」を意味する。上司と部下、あるいはエンジニア同士のちょっとした雑談や相談、ラフな相談から、問題解決の道筋が生まれたり、新しいサービスやプロダクトが生まれたりするという。ITツールに目を向けると、メールは報連相型に適したコミュニケーショ

ンツール、Slackなどのビジネスチャットは雑相に適したツールだ。コラボ
レーション型へのシフトが求められるIT職場において、メールよりもビジネ
スチャットに分があるのは、そのようは背景もある。

IT職場の勝ちパターン4　情報共有

　旧来製造業型の組織の情報共有は、クローズ型、逐次共有型が優勢である。
上位層や上司が「必要と判断した」情報を限られた部署やメンバーに逐次共
有するスタイル。セキュリティーもがちがちに固め、同じ社内であっても部
門が違えば情報を参照することができない。あるいは、本編でも述べたよう
な、その場に居合わせた声の大きいベテランだけで情報共有して物事を決め
る、「井戸端型意思決定」が市民権を得る。

　一方のコラボレーション型組織は、関係するメンバーに一斉に共有するス
タイルが合理的である。どこの誰が答えを持っているか分からないので、よっ
ぽど秘匿性の高い情報以外は、基本的には一斉かつオープンに共有する。そ
うした方が物事の解決が速くなる。情報共有の手段は、社外のビジネスパー
トナーも参加できるように、社内ネットワークに閉じたNASなどの部門ファ
イルサーバーではなく、クラウドサービス上のオンラインストレージなどが
適している。

IT職場の勝ちパターン5　制度・風土

　旧来製造業型の組織は、おおむね横並び主義だ。本社部門であってもIT職
場であっても、製造現場と同じように全員が9時〜17時にそろって決めら
れた座席で仕事をする。昼休みの時間も過ごし方も皆横並び。

　一方、コラボレーション型の組織は、違いを認め合い、互いを生かすスタ
イル。働き方も職種や個人によって自由度が高く、裁量が認められている。
働き方先進企業であるサイボウズは「100人100通りの働き方」をうたい、
働き方のオプションを数多く提示している。社員は、自分の職種やライフス

タイルに応じてオプションをチョイスし、それぞれの「勝ちパターン」を実現して成果を出している。

IT職場の勝ちパターン6　仕事の進め方

　旧来製造業型の組織は、いわゆるウオーターフォール型が主流だ。上が決めた物事に沿って、下が仕事を進めるスタイルである。製造業は大規模な設備投資を伴うことからも、手戻りが許されにくい、小さなトライ＆エラーをしにくいカルチャーからも、ウオーターフォール型が適している。

　一方、コラボレーション型の組織では、小さく始めて、小さく失敗して、小さく改善する、トライ＆エラー型の仕事の進め方が良しとされる。1カ月後の100点より、明日の30点が大事なのだ。

　もちろん、旧来製造業型のスタイルを否定しているわけではない。統制型モデルが合理的である職種や場面においては、従来通りの統制型のスタイルを続ければよい。しかしながら、前述のような変化の時代において、統制型一辺倒のやり方はもはや限界。バグ（瑕疵）を生みつつある。「当社は製造業だから……」とか「ウチは大企業だから……」といった思考停止は、誰も幸せにしない。業界単位、会社単位で横並びのやり方をするのではなく、職種単位で「勝ちパターン」を実現するべきである。

第4章

コミュニケーション不全型

コミュニケーション手段に問題ありのIT職場

「エンジニアのコミュニケーション能力が低い」は大いなる誤解
「ウチのエンジニアはコミュニケーション能力が低くってさあ。困っちゃうよ」

　こうした嘆きをIT企業の経営者やIT職場の管理職から、よく聞かされる。確かにエンジニアは営業職の人たちなどに比べれば、寡黙な人が多い印象はある。私もIT企業で働いた経験があるので、人前でうまく話せなかったり、プレゼンテーションに苦手意識を持っていたりするエンジニアを大勢見てきた。それはそれで確かだ。

　しかし、エンジニアのコミュニケーション能力は本当に低いのだろうか。私の答えは「ノー」。断言してもいい。「エンジニアのコミュニケーション能力が低い」というのは、大いなる誤解だ。

　IT職場で上司はエンジニアのどこをどう見て、「コミュニケーション能力が低い」と言っているのだろうか。先日、私は経営者が集まる場で講演をする機会があった。そこで参加者に直接、聞いてみた。彼ら／彼女たちの答えはおおむね、次の通りだった。

・説明がしどろもどろ
・報連相ができない
・電話に出ない、電話対応が苦手
・人前でアガってしまう

　私が想像していた通りの答えがすべて出そろった感じである。

上司の考えるコミュニケーションが「古い」

　これらはすべて「口頭での対話」であることに、どれだけの人が気づいているだろうか。

　どうやらマネジメントの立場にある人は「コミュニケーション＝対面の会話」と考えている人が多いようだ。しかしそれだけで、部下（エンジニア）のコミュニケーション能力が低いと決めつけてしまうのは、あまりにももったいない。もっと強くいえば、誤解も甚だしい。対面のコミュニケーションを苦手とする人は、エンジニアに限らず、結構多くいるものだ。私の経験では、エンジニアに限った話ではない。その人の性格や特性である。

　一方、チャットやSNSなど、非対面でのデジタル空間では「とても饒舌になるエンジニア」を、私はこれまた数多く見てきた。口頭での説明はしどろもどろでも、メールやチャットでは大変論理的で、分かりやすく物事を伝えてくれるエンジニアが大勢いる。きちんと考える時間を与え、伝えるべき情報を整理してから話したい（メールやチャットを書きたい）。そういう人だっているのだ。

　プレゼンテーションや口頭での報連相など、対面の会話だけで「あいつはコミュニケーション能力が低い」と決めつけてかかるのは、いささか強引ではないか。デジタルネイティブ世代が社会人の主力になりつつある現代では、上司が考えるコミュニケーション能力の常識自体が「古い」のかもしれない。そんなふうに考えたことを、経営者や管理職は一度でもあっただろうか。おそらくないはずだ。

合わないコミュニケーションのやり方を押しつけていないか

　自分にとって心地いいコミュニケーションスタイルが、他の人にとっても

心地いいとは限らない。この事実に気づいていないビジネスパーソンが実はかなりいる。組織の上に立つ人がそうだと、チーム運営やビジネスはうまくいかなくなる。

　消費者のなかにはあえて店員とのやりとりを避けて、ネットでの非対面の買い物を楽しんでいる人たちがたくさんいる。そうした今どきの消費者心理を理解していないと、売れるものも売れない。そんな時代なのだ。つまり、相手に合わないコミュニケーションの取り方を強要しても、しっくりくるわけがない。コミュニケーションが起きないどころか、職場では仕事の生産性を落としてしまう。

　ところが部下のエンジニアに、その人には合わないコミュニケーションのやり方を押しつけて、口頭でのコミュニケーションだけを見て「あいつはコミュニケーションがうまくできない」、だから「コミュニケーション能力が低い」と考えるのは、管理職として浅はか過ぎる。部下が不幸になる。

　「君はコミュニケーション能力が低いな」という悪いレッテルを貼られると自信を失う。そして、ますます口頭のコミュニケーションをしなくなる。あるいはできなくなる。こうした負のスパイラルがIT職場にはまん延している。エンジニアにとっても、組織にとっても本当に悲しい話である。

シニア世代の管理職が考えること自体、ナンセンス

　そこで提案したい。上司は（昔ながらの）コミュニケーションの常識を一度捨ててみてほしい。端的に言えば、「対面至上主義をやめよ」ということだ。そのうえで、部下のエンジニアと「チャットで対話してみる」「業務連絡にはSlack（スラック、メッセージアプリの1つ）を使う」といったチャレンジをしてみる。するとエンジニアのなかには、自分にとって心地いい対話手段を手に入れたことで、途端に饒舌になる人がきっと出てくる。おかげでIT職場のコミュニケーションが急に活性化する可能性だってある。

　逆にチャットやメッセージアプリに不慣れな上司は「言葉少な」になってしまうかもしれない。それが原因で部下から「ウチのボスはコミュニケーション能力が低いなあ。あれでよく上司を務めていられるよ。若者とは話ができないぜ」と思われたとしたら、その上司はどう感じるだろうか。

　私にしてみれば、そもそも若手エンジニアのコミュニケーションの活性化策を、シニア世代の管理職が考えること自体、ナンセンスだと思っているくらいだ。1990年代以降に生まれた若い世代と、同時期に社会人になったバブル入社世代では価値観や物事の評価軸、ITリテラシーが全く違うのだから、コミュニケーションが空回りして当然である。

　若手エンジニアには本人にとって心地いいコミュニケーションスタイルを自分で考えてもらった方が、IT職場は活性化するだろう。そうと分かれば、管理職は新しいコミュニケーション手段を導入するための予算や環境を獲得するため、社内の根回しに走る。その方がずっと組織のためになる。

本音を口にしない部下の特性を見抜けずに起きた失敗プロジェクト

　もともと日本人は公衆の面前で、なかなか本音を言わない人種だ。エンジニアに限った気質ではない。これに関連して、私はあるSI企業の「失敗プロジェクト」を分析したとき、興味深い事実を発見した。

　失敗プロジェクトのレビューや判定資料を読み返す限り、すべて「青信号」、すなわち、問題なしと判断して良さそうに見えた。なのに、なぜそのプロジェクトは失敗したのか。答えはSlackに残っていた。そのプロジェクトでは、エンジニア同士が現場のコミュニケーションツールとしてSlackを使っていた。そのログを見ると「このままじゃ、性能がやばいよ」「どうして青信号の判定が出せるんだ？」。

　出るわ出るわ、本音の数々。エンジニアはレビューの場では上司に遠慮し

て、本音を言わなかった（あるいは言えなかった）。だがSlackでは本音を言い合っていたというわけだ。そのことにリーダーや上司が気づいていなかったのである。

　公の場で本音を言う。このプロジェクトでいえば、「このままではダメです」と口に出して発言する。それができるのは、余程の「勇者」だけだ。IT職場に限らず、日本の多くの職場はそんな勇者の登場をひたすら待っている気がしてならない。あなたの職場も、そんな「勇者待ち」の姿勢のまま、ずっと停滞していないだろうか。

　残念ながら、勇者は滅多に現れない。だからこそ、普通の人が安心して本音を言える環境を、経営者や管理職は意識して作り上げなければならない。そのためには一度、コミュニケーションの景色を思い切って変えてみるのがいい。

ブラック臭が漂うIT職場、「あいさつ運動」は逆効果

　コミュニケーションの典型的な例として、「あいさつ」を掘り下げてみよう。「ウチの社員はあいさつしなくってさあ」——。こう漏らす、IT企業の経営者やIT職場の管理職は少なくない。

　朝、出社しても、誰もあいさつをしない。唯一あいさつするのは清掃員や警備員だけ。あるいは新人や転職してきたばかりの中途社員のみ。その人たちも3カ月もすれば、あいさつをしなくなる。それもそのはず、周りの人たちが誰もあいさつをしないのだから、自分もしなくなる。

　ならば、あいさつ運動や社訓の唱和などを社員に強制すればいいのだろうか。私が言いたいのは、そういうことではない。あいさつを強制するなど逆効果でしかない。そもそも、会う人、会う人、みんながわざとらしい作り笑顔であいさつしている光景がどう見えるか。不気味なだけだろう。本人たち

も「やらされ感」しかない。今風にいえば「ブラック臭」がこのうえなく漂う。そんなIT職場で働きたいと思う人がどれだけいるだろうか。

　仕事に集中しているときに話しかけられると、気が散るエンジニアもいる。プライベートで嫌なことがあって、その日は元気にあいさつできる気分ではない人もいるかもしれない。あいさつの強制が同僚の気分や生産性を下げてしまっては本末転倒だ。あいさつは決して強要するものではない。本人のコミュニケーション特性や相手の気持ちを勘案する。つまり、気にかける。これがとても大事だ。

　それでも、あいさつが飛び交う（元気な）IT職場に変えたいというのなら、次の3つがオススメだ。

・トップ自らがあいさつをする
・カジュアルなあいさつでOKとする（「うっす」「ちわっす」など）
・対面のあいさつにこだわらない（チャットでのあいさつでもいい）

　これだけで、多くの人が自然にあいさつをするようになる。その人らしいあいさつで良し。何事も自然な心地よさが大切だ。

あいさつのなさが、不正の温床にも

　あいさつが不要だなんて全く思っていない。あいさつはした方がいい。社会人としてのマナーという面もあるが、それだけではない。ここでは、あいさつには様々な意味があることを伝えたい。

・相手に対する承認行為
・組織に対する愛着の証し
・不審者の侵入や不正行為の防止

あいさつには「あなたのことを気にかけている」という意味が込められている。「おはようございます」の一言が「相手の存在を（私は）認めている」というメッセージになっているのだ。

　人には「存在承認欲求」というものがある。自分の存在を認めてもらいたいというのは、多少の差こそあれ、人として生来持ち合わせている欲求だ。あいさつを声に出して言うかどうかは別にして、相手を気にかけていると何らかの手段で伝えることは、立派な存在承認なのである。

　逆にあいさつしないとどうなるか。その人の組織に対する帰属意識や愛着はどんどん希薄になっていく。自分が仲間として「受け入れられていない」と感じる。たかがあいさつ、されどあいさつ。

　あいさつが少ないと、職場におけるトラブルや不正を見逃しやすくするリスクが大きくなる。大げさに聞こえるかもしれないが、内部不正の根源の1つは「無関心」にある。あいさつには不審者の侵入や不正行為を防止する効果がある。なぜか。内部不正は元をたどれば、「相手を気にかけていない」ことに起因することが多いからだ。

ケース1
あいさつがない

▼

相手を気にかけていない

▼

職場への不正侵入がしやすくなる

ケース2
あいさつがない

▼

他人に興味がない

▼

誰が何をやっているのか分からない

▼

情報の不正コピーや持ち出しがしやすくなる

「あいさつしてもいいんですか？」と上司に尋ねる新人

　自分の所属組織の同僚にはあいさつする人でも、他課の部署の人にはあいさつしない人はいるだろう。先日も「他部署の人にあいさつしてもいいんですか？」と新入社員に真顔で尋ねられて困った、という上司の話を耳にしたばかりだ。聞けば、この部下は学生時代に他の研究室の人にあいさつしたところ、怪しまれた経験があるというのだ。

　企業によっては、他の部署の人とはあいさつする習慣がないところもある。これは会社に限った話ではない。最近は同じマンションに住む人にあいさつしたら、逆に怪しい目で見られたなんて話も聞く。本人の過去の苦い経験からあいさつしないのだとしたら、その人を責めるのはかわいそうだ。本人に悪気はない。むしろ、善意から「あいさつをしない」という選択をしているともいえる。

　上司や同僚が「ウチの会社では、相手が誰であってもあいさつするのが良いとされるんだよ」と、企業文化や習慣をきちんと伝えてあげるのが大事かもしれない。

職場に「遊び」を取り入れる効用

　カフェスペースやリフレッシュルーム、たばこ部屋。こうした空間があいさつを促進することがよくある。職場では見せないその人の「素顔」が見えやすい場だからかもしれない。そこで、オフィスに遊びの要素を取り入れてみると、自然にあいさつするようになることがある。

・休憩室にゲームコーナーを作る
・本棚にマンガを並べる
・机の上にフィギュアなどを並べるのを許容する

　仕事を一歩離れ、趣味の話題から自然な会話が始まり、あいさつが生まれるようになるなら安いものだ。こうした考えは私自身の海外勤務経験によるところが大きい。私はかつて、中国のデータセンターやオペレーションセンターに足繁く通っていた時期がある。若者が大勢いた中国のIT職場は、遊び心に満ちていた。

　ともすれば、暗く重労働になりがちなデータセンターやオペレーションセンターだからこそ、働く人のテンションが少しでも上がるような工夫が必要なんだと痛感させられた。彼ら／彼女たちは自らそれを実践していた。自然と会話が生まれる遊び心が相手への警戒心を解き、あいさつするのが普通になる。自然なあいさつが生まれるIT職場は、外から見ていても気持ちがいい。オフィスを見れば、すぐ分かる。そうした場所に「良い顧客、良い取引先、そして良い社員」が集まってくるのだ。

ダメ職場の問題構造 10
　あいさつがないIT職場は、優秀なITエンジニアを遠ざける。その問題構造はこうだ（**図表4-1**）。

　本編で書いたように、あいさつには①相手に対する承認行為や、②組織に対する愛着の証し、などの効果がある。逆に言えば、あいさつがないというのは、他人に興味がない、相手を気にかけていない、相手に「自分の存在が認められていない」と感じさせることになる。

　そうなると、ますますあいさつしなくなり、組織への愛着や帰属意識が希薄になる。仕事に誇りがなくなるほか、誰が何をやっているのか分からない

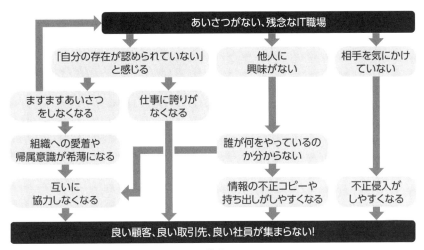

図表4-1　あいさつがないIT職場の問題構造
（出所：あまねキャリア工房）

ので、互いに協力しなくなる。

　「誰にも気にかけられていない」という意識は、情報の不正コピーや持ち出し、不正侵入などを抑止できない。こちらの影響は計り知れないほど大きなものだ。

　こんなIT職場に優秀なエンジニアが集まるわけがない。

4-2 対策 コミュニケーションの選択肢を増やそう

　口頭オンリー、対面オンリーのコミュニケーションでは、なかなかうまくいかないもの。コミュニケーションの選択肢を増やし、個々人の気づき／提言／問題意識が正しく言語化され、正しく吸い上げられ、個々人が正しく活躍できるスタイルに変えていきたいもの。手を変え、品を変え、景色を変えてみるのだ。ここでは、コミュニケーションの選択肢を挙げてみる。大きくアナログとデジタルに分けて示す。

アナログ 1on1 ミーティング

　上司と部下、メンバー同士など、1対1で行う30分程度のミーティング。会議や定例のチームミーティングなど、大勢の前では言いにくい本音や問題意識を言語化しやすくなる。ただし、何もテーマがないと単なる「1on1ごっこ」になりがち。事前にテーマを決め、聞き手が引き出しを投げ込むなど、事前の準備や設計が肝だ。また、聞き手には、話し手の意見を遮らない、否定しないなど「受け止める」度量やスキルが求められる。

アナログ ホワイトボードによる課題管理、進捗管理

　フロアに1枚の大きなホワイトボードを置いて、業務の課題や、問題、提言などを書き出す方法。定例のチームミーティングでは、そのホワイトボードを見ながら実施する。発言しにくいメンバーも、空き時間にホワイトボードに課題、問題、提言などを書いておくことで、意見しやすく、拾われやすくなる。

アナログ LT大会／読書会／読書しながら会／輪読会

　業務時間（あるいは休み時間）を使った、学びのレクリエーション機会。

いくつかのパターンがある。

LT大会

Lightning Talk（ライトニングトーク）の略。5分程度の短い時間で、技術的な情報や仕事でのちょっとした学び、気づきをプレゼンするもの（詳細は後述の 事例 を参照）。

読書会

毎回1冊、課題図書を決めて参加者（あるいは登壇者）が事前に読了した上で、気づきや感想を述べ合うもの。業務に直結した図書を選定すれば、業務の品質向上や課題解決にもつながる。

読書しながら会

電子書籍や、インターネット上の記事などをその場で画面投影し、参加者同士が読みながら気づきや感想を述べ合うもの。事前に読書をしなくてもよいため、読書会や輪読会よりも参加のハードルが下がる。

輪読会

毎回1冊、課題図書を決めて章ごとに参加者（あるいは登壇者）の担当を決め、その章を各自が読んだ上で気づきや感想を述べ合うもの。複数人で、1冊の本を（ある程度）読むことができるため、読書効率の向上に寄与する。

これらはアナログに分類したが、いずれもオンラインでも実施可能。テレワークをしている社員同士がオンラインで実施すれば、テレワーカーにありがちな疎外感を軽減する取り組みにもなる。

デジタル ビジネスチャット

メールは手紙の代替であり、オフィシャルなコミュニケーションには適するものの、ちょっとした気づきや悩みや相談は発信しにくい。その点、ビジ

ネスチャットはインターフェースの面でカジュアルなコミュニケーションがしやすく、即時性にも優れていることから会話をしているようなテンポ良いやりとりもしやすくなる。対面のコミュニケーションと違い、言語化するまでに考える時間が与えられやすいのもビジネスチャットのメリットである。

デジタル チケット管理システム／Wiki

　ビジネスチャットのコミュニケーションは、会話のようにその場で流す情報共有（すなわち、フロー型のコミュニケーション）には有効だが、ナレッジやノウハウのように蓄積して後で参照できるようにしておきたい情報共有（すなわち、ストック型のコミュニケーション）には不向きである。作業指示や、トラブル対応、およびその対応履歴や得たノウハウなどを蓄積するには、チケット管理システムが便利。Tips（ヒント）、気づき、注意事項などはWikiなどを使うことで、対面での口頭説明が苦手な人でも、テキストでナレッジを書き残しやすくなる。業務知識の属人化解消にも効果的だ。

デジタル 日報

　日報も強力なコミュニケーションツールとなる。フォーマット化し、「問題だと思ったこと」「困りごと」「意見／提案」などの項目を設けておけば、口頭のコミュニケーションが苦手な人でも、問題や課題、意見や提案を伝えやすくなる。

　これまで、コミュニケーションの問題は本人のスキルやメンタリティ（勇気など）に帰してきたが、それでは「コミュニケーションが苦手だけれど他の能力にたけた優秀な人たち」が正しく活躍できない。人の性格や特性は十人十色であるように、コミュニケーションの得意不得意も十人十色である。口頭は苦手だけれども、テキストコミュニケーションなら得意な人はたくさんいる。コミュニケーションの選択肢を増やし、健全な組織運営につなげてほしい。

事例 ITエンジニア同士の交流の場

「LT」を実施する企業が増えている（**図表4-2**）。5分程度の短い時間で、技術的な情報や仕事でのちょっとした学び、気づきをプレゼンする。エンジニアは、自分なりに口頭でのコミュニケーションに慣れる努力をしている。

LTは仰々しい発表会とは異なり、誰でも気軽に情報発信できる場として好評だ。ITエンジニアが情報発信に慣れる場を提供でき、メンバー同士がお互いの人となりを知る絶好の機会にもなる。相手を知れば、それだけコミュニケーションは生まれやすくなる。

インターネット上でも、ITエンジニア同士の交流がますます盛んになっている。最近では、オンラインの勉強会も増えてきた。全国のITエンジニアが集い、技術情報を交換したり、悩みを共有したりしている。そこでのテキストチャットやボイスの活発なやりとりを見聞きしていると、「エンジニアは

図表4-2　社内でLTをする企業が増えている
（出所：NTTデータ e-コミュニティ事業部）

コミュニケーション能力が低い」とは到底思えない。それどころか「エンジニアは情報発信が好きだ」と実感する。

　エンジニアは心地いいコミュニケーション手段さえ提供されれば、あるいはコミュニケーションのキッカケさえ作ってもらえれば、喜んで情報発信する傾向にある。彼ら／彼女たちもみんなの役に立ちたいのだ。

　経営者や管理職は、まず、その現実を正しく理解する努力をしてほしい。そのうえで管理職の人は、自分に求められているのは「組織のコミュニケーションを設計する能力」だと認識してもらいたい。間違っても、古いコミュニケーションの常識を部下に押し付けるのはやめた方がいい。誰も得をしない。コミュニケーションは手を変え、品を変え、景色を変えて、トライ＆エラーを繰り返す。そうしてその職場に合ったものがようやく見つかるもの。IT職場なら、ITエンジニアにとって一番ハッピーなコミュニケーションスタイルを探したい。

　「エンジニアのコミュニケーション能力が低い」と嘆く前に、コミュニケーションの景色を変えてみてほしい。

第5章

エンゲージメント低下型

「雑談」の無い IT 職場

　会話が無い、聞こえてくるのは仕事の指示や叱責のみ。そんなIT職場で働いた経験がある。

若手への叱責が飛び交う

　叱責が耳に付く職場だった。若手にヒステリックな声をあげている先輩社員も目立っていた。私は外部の人間だったため多少の世間話は許されたが、社員たちは雑談することなく黙々と作業をしていた。私がたまに雑談で声を掛けた時の、若手社員たちのうれしそうな（すがるような）瞳が忘れられない。

　雑談すらせず仕事に取り組んでいたが、生産性が高いわけではなかった。部課長や先輩社員から若手への叱責の内容を聞いていると、大半が意識違いや抜け漏れに起因する手戻りなのである。

「そうじゃない。普通こうするよね」

　この手の言葉がひっきりなしに飛び交う。「普通」も何も、常識はコミュニケーションによって知り得るもの。コミュニケーションの機会を与えずに、若手の非常識を責めるのは理不尽だ。

　そんな環境で生産性が高まるわけがない。いや、目先の「作業」の生産性だけは高いかもしれない。雑談もせず、黙々と作業に集中できるのだから。しかし、トータルの「仕事」の生産性は極めて低い。手戻りが多発し、1人で悩む。新しい仕事やトラブル対応が入った場合、誰に相談したらいいか分からない。すなわち、未知の仕事が舞い込んだときの対応力も低い。

　よほど業務プロセスが成熟していて、雑談などしなくても決められた道筋に乗ってさえいれば高いアウトプットを出せるIT職場であれば、雑談など不要（むしろ邪魔）だと理解できる。しかし、そのようなビジネスモデルができている企業は少ない。とりわけ請負型のIT企業は、ちょっとした会話によって相手、あるいはチームメンバーの趣向や考え、経験・ノウハウを把握し、それを手がかりに良いものを作っていく傾向が強い。雑談はその機会なのである。

雑談の無い職場は信頼関係も下げる

　仕事の生産性だけの問題ではない。雑談の有無は、チームメンバー同士の信頼関係も左右する。

「なんで、相談しなかったの。常識だろ？」

　こう言われた若手社員はどう思うだろうか。その場では「はい」と答えるかもしれない。しかし内心はこう思うのではないか。

「雑談する隙すら無い職場で相談なんてできるかよ」

　こうして上司と部下、先輩と若手の信頼関係が損なわれ、若手が1人また1人と辞めていく。驚いたことに、この手のIT職場の経営陣や管理職はそれが悪いとは思っていない。仕事とはそういうものだと思い込んでいる。

　手戻りが繰り返されることを放置し、ひたすら残業でカバーする。手戻りが無ければラッキーくらいにしか思っていない。だから雑談なんて不要。辞める人は自社のポリシーに合わなかっただけ。低い生産性で仕事を回しているから利益率も低い。だから職場環境も待遇も良くならない。職場はギスギスする。そして人が辞めていく。

雑談をしないということは、「あなたに興味が無い」「あなたと長く付き合うつもりもない」という姿勢を暗示する。そんな職場で働く若手のエンゲージメント（組織や職種に対する帰属意識、仕事に対する愛着・誇り）は確実に下がる。心理的安全性のない職場の出来上がりだ。

　雑談をしないことはすなわち、中長期にわたる人と人の信頼関係作りの放棄を意味する。これは、日常会話の無い夫婦が熟年離婚する構図にも似ている。それでいいの？

雑談のあるチームはトラブルに強い

　適度な雑談があるチームはトラブル対応にも強い。私が見てきた例を紹介しよう。普段雑談しているあるシステム運用チームは、障害など突発的なインシデントがあったとき、メンバー全員が「緊急」の空気感を察してすぐにつながり、1人ひとりが自分の役割を理解した上で力を発揮していた。普段の雑談を通じて、互いの強みや得意分野（誰がなにが得意か）が分かっているのだ。

　雑談が無いチームではどうなるか。リーダーの細かな指示がないと誰も動かない。緊急事態なのに、涼しい顔をして優先度の低い作業を続ける人もいる。互いの持ち場が分からず思考停止する。あるいは、悪気なく同じ持ち場につこうとする。一方で、誰もカバーしない空白地帯（いわゆる三遊間ゴロ）が発生する。いつまでたってもトラブルが収束しない。社内や顧客からの信頼も失う。

　私は、普段雑談をしていてトラブル対応に強いチームを、合体ロボットが登場する戦隊ヒーロー番組に例えている。いつもは下らない会話ばかりしていて、時にいがみ合うこともあるけれど、互いをよく分かっている。敵が出現すると、瞬時に合体してそれぞれが自分の持ち場で力を発揮する。そして、番組の時間枠で敵を倒し残業せずに帰っていく。

　一方、結束力の無いチームは、合体（連携）まで時間がかかる上に、合体してもメンバー同士の意識がちぐはぐで、そうこうしているうちにリカバリーできないくらいの致命傷を負う。この差は大きい。

「仕事ごっこ」をなくして余白を作ろう

　とはいえ、雑談をはばかられる職場も多い。「働き方改革」のあおりで、無駄な仕事をさせるな、時間を無駄にするな、と言われる。雑談のような目先の効果が見えにくいものは真っ先に削られる。ではどうすればよいか。１つの方法は「仕事ごっこ」を無くして余白を作ることだ。

　仕事ごっことは、生まれた当初は合理性があった（かもしれない）ものの、時代や環境や価値観の変化や技術の進化に伴い、生産性やモチベーションの足を引っ張る厄介者と化した仕事や慣習だ。「仕事のための仕事」「仕事した感しかない仕事」とも捉えることができる。さしずめ、毎回必ず相手を呼び出す（あるいは出向く）対面の打ち合わせや、紙ベースやハンコベースの事務作業、誰も読まない日報や稟議書、形骸化した定例会議、相見積もりなど。このようなものを無くすだけでも、１日に５分や10分、雑談や相談をする余裕は生まれるであろう。

　コンプライアンス強化というスローガンのもと、証跡を残すための書類作成業務やチェック業務をむやみやたらと増やすコンプライアンス推進部署に言いたい。「その無駄な業務をスリム化して、雑談する余裕を作った方がよっぽどコンプライアンス向上になる」と。実際、雑談のある職場は「ヒヤリ・ハット」（問題発生の直前にまで至った事象）の共有やちょっとした改善提案が言わなくても出てくる。雑談すらできない余白の無い職場は、心理的安全性が低い。それはコンプライアンスリスクに直結する。

職場での雑談は「緊急度：低」だが「重要度：高」

　仕事としての雑談の重要度は「高」だが、緊急度は「低」である。雑談をし

なくてもすぐには困らない。雑談を一切せずに黙々と仕事をすれば、目先の作業効率は上がり、目先の成果は出せるかもしれない。しかし長い目で見た信頼関係や結束力、課題解決力、発想力、パフォーマンスの観点で考えたら、雑談はやっぱりあった方がいい。メンバーの心理的安全性も高まる。雑談とは、現在および未来の課題解決や価値向上に何らかの価値をもたらし得る「インプット」だ。定量化できないものの、削ると綻びが出る。

　全社員リモートワーク、納品の無いシステム受託開発で知られるソニックガーデンの倉貫義人社長は「報連相（ホウレンソウ）よりも雑相（ザッソウ）」を大切にしているという。「雑相」とは雑談と相談。リモートワークだからこそ、こまめに雑談と相談をして社員が1人で悩まない、問題を抱え込まない組織風土を大切にしているという。ITツールを駆使し、離れている社員同士が雑談しやすい環境も整えている。私も海外など遠隔拠点のITオペレーションデスクをマネジメントしていた経験から、離れた相手との雑談の有用性を痛感している。

　目先の目に見える成果や効果だけを追わない行動を何と言うか。それを「マネジメント」と言う。目に見える、目先の成果を追うだけなら誰でもできる。いま、私たちはマネジメントの本質を問われている。

ダメ職場の問題構造 11

　雑談のないIT職場には、優秀なITエンジニアは集まらない。その問題構造はこうだ（**図表5-1**）。

　雑談がないということは、「あなたに興味がない」と相手に伝えていることになり、それは「あなたと長く付き合うつもりもない」と言っているようなもので、エンゲージメントの低下につながる。

　困りごとや不明点があっても誰に相談したらよいか分からず、「ヒヤリ・

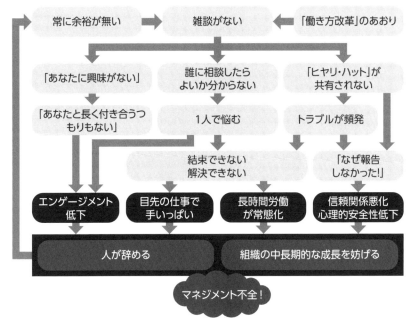

図表5-1　雑談の無いIT職場の問題構造
（出所：あまねキャリア工房）

ハット」なども共有されにくい。１人で悩むので問題はなかなか解決されず、目先の仕事で手いっぱいとなり、長時間労働が状態化する。「ヒヤリ・ハット」が共有されなければ同じようなトラブルが頻発し、上司からの叱責を受け、信頼関係は悪化、心理的安全性も低下する。

　このような組織はマネジメント不全となり、社員の成長を妨げる。早々に見切りをつけて人がどんどん辞めていってもおかしくない。優秀なITエンジニアはこうした職場を避けるのは間違いない。

5-2 帰属意識が低いIT職場

　人と何かのつながりの強さを意味する「エンゲージメント（Engagement）」なる言葉が、日本でもマネジメントのキーワードとして注目されつつある。日本では「個人の組織に対するエンゲージメントが低い」と言われ問題視されており、その中でもIT職場は深刻だ。エンゲージメントを阻害する仕組みや慣習が散見される。

エンゲージメントとは「組織に対する帰属意識や愛着」

　エンゲージメントとは、人と何かのつながりの強さを意味し、対象はブランド、商品、職種、業種、組織など様々だ。消費者と商品やブランドとの関係では「愛着」という意味だが、組織とそこで働く個人の関係に当てはめると「組織に対する帰属意識や愛着」「仕事に対する誇り」となる。一昔前は「愛社精神」などと表現されたが、今は企業側が不用意にこの言葉を使うとブラック視されかねないので注意が必要だ。

　かつてはエンゲージメントが低くても何とかなった。終身雇用の下、個人は所属会社の言うことを信じて滅私奉公していれば一生安泰な生活が約束されていた。それで会社も個人も発展する。

　しかしその時代も終わりを迎えつつある。とりわけ、IT職種、IT職場は人こそがビジネスのエンジンである。かつ人材流動性も高い。エンゲージメントの高い低いが、会社すなわちIT職場の発展を左右すると言っても過言ではない。

「飲み会をやろう！」でエンゲージメントが低くなる

「社員のエンゲージメントが低い。だったら飲み会をやろう！」
「よし、一体感を高めるために運動会をやろう！」

　このように言う経営者や上級管理職もいるが、ちょっと待ってほしい。飲み会や運動会で本当に社員のエンゲージメントが上がるだろうか。終身雇用の下で育ち、かつ体育会系気合いと根性でやってきたあなたたちの世代はそれでよいかもしれないが、時代は変わりつつある。IT職場の中堅や若手の本音はこうだ。

「当社は客先常駐。社員同士、普段顔を合わせないから飲み会に集められたところで会話がない……」
「どうせ偉い人の自慢話を聞かされるだけ」
「お酌とか料理の取り分けとか、気疲れするからイヤだ」
「そんな暇があったら、社外の勉強会に参加してエンジニアとして技術研さんしたい」
「だったら少しでも仕事を進めて、早く帰って家族と過ごしたい」

　会社が飲み会や運動会を強行すれば、かえってエンゲージメントを下げかねない。

エンゲージメントを低くする4つの背景

　エンゲージメントを低くする背景を分類してみた。「（1）裁量が与えられていない」「（2）情報が共有されない」「（3）互いに無関心」「（4）待遇が悪い」の4つである。順に見ていこう。

（1）裁量が与えられていない

　人は裁量が与えられなければ、その組織や仕事に対して主体的になりにくい。ここで言う裁量とは決裁権や予算の執行権限に限らない。以下のような

行動制約の有無がエンゲージメントを左右する。

・服装や振る舞いを強制させられる
・やり方に口出しされる
・考え方を否定される
・外を知ることをよしとされない

(2) 情報が共有されない

　次のような組織に人は愛着も主体性も持ちにくい。当然である。「蚊帳の外」にいると思ってしまうからだ。

・ビジョンが共有されない
・目的が示されない
・プロジェクトの進捗や変更が共有されない
・重大な決定事項がいつまでも下りて来ない
・わざわざお伺いを立てないと、何も教えてくれない

(3) 互いに無関心

　「自分がどんな仕事をしているのか？」「どんな技術に興味があるのか？」「どうなっていきたいのか？」といったことに誰も興味を示さないし、話をしても流される。当然相手にも興味を持たない。過度な干渉は問題だが、相互無関心な職場でエンゲージメントは高まりにくい。

(4) 待遇が悪い

　当然ながら待遇の良しあしもエンゲージメントを左右する。次のような職場では、人は自分がプロとしてリスペクトされないと感じるようになりエンゲージメントが下がる。

・低賃金

・長時間労働が慢性化
・休暇が取れない
・リモートワークできない
・オフィス環境やIT環境が貧弱

エンゲージメント向上のポイントは「モヤモヤ」の排除

　エンゲージメントが上がらないIT職場には、次のような「モヤモヤ」が渦巻いている。

・目的に対するモヤモヤ
・仕事の進捗に対するモヤモヤ
・報連相（報告・連絡・相談）の仕方に対するモヤモヤ
・自分への期待／相手への期待に対するモヤモヤ
・将来に対するモヤモヤ

　これらはそこで働く人を不安にさせ、その結果エンゲージメントを下げる。あなたの職場にどんなモヤモヤがあるか特定してみよう。そのモヤモヤをどうやったら解消できるか話し合い、行動に移してほしい。例えば、情報のモヤモヤがあるなら、ビジネスチャットやグループウエアなどを活用して、上位者に情報が滞留しないよう工夫する。

　このように情報共有の壁を仕組みで取り払い、エンゲージメントが高まったIT職場もある。モヤモヤと正しく向き合い、正しく戦っていってほしい。組織のため、何よりあなた自身のために。

ダメ職場の問題構造 12

　エンゲージメントの低いIT職場には、優秀なエンジニアは集まらない。その問題構造はこうだ（**図表5-2**）。

エンゲージメントの低い職場には4つの残念がある。それは、①マネジメントの仕組みの残念、②環境の残念、③人材制度の残念、④ビジネスモデルの残念だ。社員に裁量が与えられることはなく、情報が共有されることもなく、互いに無関心で、しかも、待遇が悪くなる。その結果、仕事や組織に対して受け身になり、仕事のクオリティーが高まらないばかりか、良い人が辞めていくようになる。良い人がいなくなると若手にとっては目指したいロールモデルの不在となり、「ここに長くいても……」と思う社員が増え、負のスパイラルに陥る。こんな職場に優秀なITエンジニアは来ない。

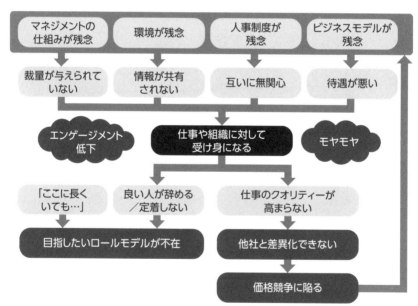

図表5-2　エンゲージメントの低いIT職場の問題構造
（出所：あまねキャリア工房）

5-3　何もかも「機密扱い」のIT職場

　情報を発信する文化──。ITエンジニアの間で顕著に見られるこの文化が注目され始めている。

　4-2で紹介したようなLT、読書会、輪読会など、情報発信する活動が、Web系を中心とするIT業界・IT職場で盛んだ。平日の夜や休日を使って、会社を超えたオープンな場で行う情報発信も増えてきた。最近では、異業種の企業広報担当者が集まってLTをする「PRLT」など、IT以外の職種にも波及している。

　この傾向は極めてヘルシー（健全）である。ITエンジニアの文化が非IT職種の学びや課題解決につながる。その結果、IT職種に対する正しい理解とITエンジニアへのリスペクトが生まれる。ITエンジニアがPRLTなど他職種の発信の場に参加して交流する流れもある。ITと非ITの相互理解が深まる。実にすがすがしい。

　一方でIT業界やIT職場であるにもかかわらず、情報発信が許されずもどかしい思いをしているエンジニアもいる。

何でもかんでも「秘匿事項」「機密扱い」の縛りが生む弊害
　Webベンチャー系企業の多くは情報をオープンにする文化が根付いているが、いわゆるレガシー企業は情報発信に厳しい制約を設けているケースが少なくない。私が知っている範囲では、旧来型の請負型SI企業、金融系企業、自動車系企業、これらの会社の2次請け、3次請けなどの中小IT企業やSES（System Engineering Service）企業などで多い。

何でもかんでも「秘匿事項」「機密扱い」とする。過剰なコンプライアンス（法令順守）とITガバナンスが追い打ちをかけて神経過敏になる。その影響は2次請けや3次請けにも及ぶ構図だ。

　何もかも秘匿・機密扱いにして情報発信の機会を奪うのは、エンジニア、ひいてはエンジニアを抱える組織、その組織に発注する企業にとってリスクになり得る。秘匿ガチガチのIT職場は必然的に内向きになりがちだ（そのような職場の事業所は郊外やへき地にあるなど物理的にも隔離されがちだ）。必然的に「井の中のかわず」になる。世の中の流れが分からないので、そのことを問題だと思わない傾向もある。

　好奇心の強いエンジニアには、フラストレーションがたまる状態だ。Web系エンジニアが盛んに発信したり楽しそうに交流したりしている姿を見るにつけ疎外感を覚える。他社のエンジニアが集まるオープンな場に参加しても、自分だけは会社のルールで発信できない。そんなもどかしい思いを抱え、転職を考えるエンジニアもいる。

「エンプロイアビリティー」が低くなる

　ルールに縛られ発信できないエンジニアは、汎用性が低くなるリスクもある。外に発信したり交流したりする機会がないと、自分の仕事や取り組みを他人に説明する必要性が乏しい。自分を説明できなくなる、あるいは自分が身につけたノウハウやスキルを他に応用しにくくなる。その結果、他の現場、他社、他の領域などで通用しにくいエンジニアになってしまう。すなわち「エンプロイアビリティー（Employability；雇用され得る力）」が低くなるのだ。

　自分の目指すロールモデルや、仕事やキャリアの悩みの相談に乗ってくれるメンターとの出会いが制限されるのもデメリットだ。閉じた組織であるほど、出会える先輩エンジニアには限りがある。最近は中間層の人材不足も深刻だ。20代エンジニアのすぐ上の先輩が40代ということも珍しくない。世

代間ギャップが大き過ぎて、興味や関心はおろか、価値観も世界観も合わない。あるいは、互いに忙しくてなかなか雑談も相談もできない。

　社外交流が盛んなら、他社のロールモデルやメンターを見つけることができる。技術は組織の壁を越える。だからこそ、組織を超えたエンジニアの交流は有意義だ。そもそもLT、読書会、輪読会は発信の場なので、気軽に相談をしやすい。「同じ技術を扱う他社の先輩」「同じ悩みを持つ他社の同世代エンジニア」。こうしたつながりはエンジニアの視野を広げる上でも欠かせない。

自分がどこで何をやっていたかすら公開できないエンジニアも

　自分のノウハウを発信できないくらいならまだマシかもしれない。なかには、自分がどこで何をやってきたかすら公開を許されないエンジニアもいる。

　その場合、他の仕事や他のプロジェクトにノウハウを横展開できない。特に困るのは2次請け、3次請けのエンジニアだ。たとえ自社が受注した案件であっても、他の現場や他のプロジェクトにノウハウを応用できない。つぶしが利きにくくなる上に、転職時にアピールできない。自分のやってきたことを隠さなくてはならないので、エンプロイアビリティーが下がる。

　こういう傾向は、とりわけ自動車業界の組み込み系エンジニアなどに強い。業界柄、秘匿でガチガチに縛る必要も分かる。しかしこれからの時代、情報発信の縛りによって優秀な人材が流出することもまた事実である。背景には終身雇用の崩壊がある。最近、大手自動車メーカーのトップが「終身雇用を守っていくのは難しい」と発言して話題になった。終身雇用が約束されない時代、さらには65歳や70歳まで働くことになりそうな時代にあって、エンプロイアビリティーの低下は労働者にとって死活問題である。

　技術の賞味期限も悩ましい問題だ。今自分の扱っている技術がいつまで鮮度を保つか分からない。それが社内に閉じた特殊な技術であるほど、旬なう

ちはよいが、枯れ始めた途端にリスクになる。「このままでいいのか？」。閉ざされた企業にいるエンジニアは不安になる。この感情はわがままでも何でもない。極めてヘルシーである。やり直しが利く優秀なエンジニアはWeb系などオープンな領域に身を転じる。そして閉ざされた企業は人手不足が深刻化する。

秘匿縛りに風穴を開ける

　過剰な（かつ2次請け、3次請けまでをも巻き込む）秘匿縛りにそろそろ風穴を開ける必要があるのではないか？

　例えば閉じた世界なりに、発信や受信の機会を設けるやり方がある。部門内、社内、あるいは業界内のみで取り組みやノウハウを共有する場を設ける。同じ業界のコンソーシアムなどを活用する。それだけでも風通しが良くなる。エンジニア同士の交流によってノウハウの言語化が促進される。

　あるいは情報に対する「目利き役」を任命し、何が秘匿情報で、何なら公開できるかをIT職場や組織の単位で決める。一律で公開・共有をNGにするのではなく、「ここまでなら公開可能」と判断するのだ。これはベテランのエンジニアが適任だろう。経験や知見を生かし「この知識は伝承すべきだ」「この情報は出したら危ない」という目利きや、利害関係者との調整にたけている。

　徐々にではあるが、レガシーな領域でも情報発信する場が増えつつある。組み込み系エンジニア同士のコミュニティーや勉強会も目にするようになった。コミュニティーや勉強会がきっかけで、組み込み系の領域に興味を持つ若手や学生、あるいは子どももいる。価値ある情報は発信しなければ伝わらない。思いを持った優秀なエンジニアも集まらない。エンジニアは、優秀なエンジニア、面白いエンジニアと切磋琢磨してこそ成長する。

　情報を発信して技術のファンを増やすのは、いわば技術のブランディングである。それもエンジニアの大事な仕事であり価値だ。時代はオープン化が進む。オープンソース化、情報のオープン化。オープンにすることで、化学反応が起こり新たな価値が生まれる。それを「イノベーション」と言う。秘匿の名の下に、何でもガチガチに縛るのは時代に逆行している。

ダメ職場の問題構造 **13**

　機密縛りが強すぎるIT職場には、優秀なエンジニアは集まらない。その問題構造はこうだ（**図表5-3**）。

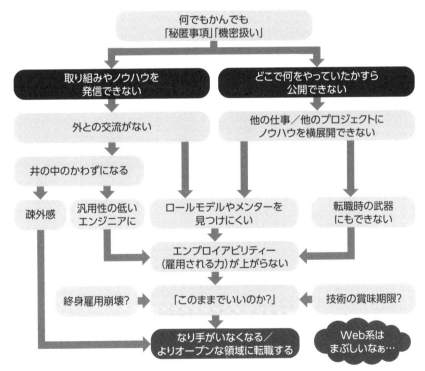

図表5-3　機密縛りが強すぎるIT職場の問題構造
（出所：あまねキャリア工房）

何でもかんでも「秘匿事項」「機密扱い」にすると、取り組みやノウハウが発進できないので外との交流がなくなる。汎用性の低いエンジニアとなり、井の中のかわずになってしまいがちである。残された若手はロールモデルやメンターがいなくなる。また、職場によっては、どこで何をやっていたかすら公開できないので、他のプロジェクトにノウハウを横展開できず、転職時の武器にもできない。

　これらはすべて、「エンプロイアビリティーの低下」を招く。疎外感を抱いてしまうと、よりオープンな職場に転職したいと思うようになる。そんな職場で優秀なITエンジニアが働きたいとは思わない。

5-4 　対策　「エンゲージメントの4象限」で現在位置を把握しよう

　メンバーのエンゲージメントを高めるには、まずは各人がどの状態にあるのか、すなわちエンゲージメントの現在位置を正しく把握する必要がある。それをせずに、「飲み会」「運動会」「バーベキュー大会」などレクリエーション一辺倒の施策を実施してもうまくいかない（決して飲み会や運動会やバーベキュー大会を否定しているわけではなく、メンバーのエンゲージメントの現在位置次第ではうまく機能する）。

エンゲージメントの現在位置を把握するツール

　メンバーのエンゲージメントの現在位置を把握するには、私が作成した「エンゲージメントの4象限」が便利だ（**図表5-4**）。横軸は組織に対するエンゲージメント、すなわち、所属会社や常駐先に対して帰属意識や一体感が高いか低いかを示す。縦軸は仕事に対するエンゲージメントで、職種や自分の職務、あるいは取り扱っている技術などに対して誇りや愛着が高いか低いかを示す。

エンゲージメントの4象限

		組織に対して	
		高	低
仕事に対して	高	①	②
	低	③	④

図表5-4　エンゲージメントの4象限
（出所：あまねキャリア工房）

例えば、「会社やチームメンバーは好きだが仕事は好きではない」なら図の左下（③）、「会社にもチームにも興味はないが、自分が仕事で扱っている技術に誇りを持っている」なら図の右上（②）と説明できる。私の経験では、エンジニア肌の人は②が多い。

　メンバーが①〜④どの状態にあるかによって、エンゲージメントを高めるための打ち手は異なる。例えば④の状態の人には、異動や職務変更により②または①の状態に持っていける可能性がある。②の人をいたずらに別職務に異動させると、④に転落して辞めてしまうケースも少なくない。

　やみくもに飲み会を開いたところで、エンゲージメント維持向上の効果が限定的であるのは明白だ。組織あるいは仕事のエンゲージメントが高ければ「この人たちと飲みたい」状態になる。その状態で行う飲み会は、さらなるエンゲージメントの強化に寄与する。まずはこの４象限のうち、あなたの職場のメンバーが今どの位置にいるかを考えてみよう。飲み会や運動会を企画するのは、それからでも遅くはない。

　最後に１つ。飲み会、運動会、バーベキュー大会を開催する際、それぞれのマイナス点も忘れずに。飲み会は、幹事役の手間や気遣いが馬鹿にならない。運動会は、運動が苦手な人にとっては、苦痛以外のなにものでもない。バーベキュー大会は、料理や片付けが苦手な人にとっては苦痛である。

　こうした点を踏まえると、4-2で述べたような読書会や勉強会など、学びのレクリエーションを選択肢として持っておくと良いかもしれない。学習に投資する組織は、プロ意識が高い人たちのエンゲージメントを高める効果がある。

第6章

マネジメント不全型

6-1 IT職場にはびこる隠蔽体質

「目指せ！インシデント・ゼロ」「ヒヤリ・ハット撲滅！」——。最近このような組織目標を掲げるIT職場が増えている。

情報セキュリティーやシステム品質に対する要求レベルがますます高まっている昨今、インシデント・ゼロやヒヤリ・ハット撲滅を掲げたくなる気持ちはよく分かる。情報漏洩や品質低下が企業の信頼を一瞬にして失墜させ、ブランドイメージを大きく下げることを考えると事情は理解できる。

しかし、インシデント・ゼロやヒヤリ・ハットの撲滅といった掛け声は、私の経験ではIT職場にとってむしろ逆効果である。現場では「ミスなく働く振り」が横行し、結果的に社員や関係会社の人たちを疲弊させるだけだ。

インシデント・ゼロ宣言は余計な仕事を生むだけ

インシデント・ゼロを掲げたIT職場で働く社員の典型的な行動パターンを見てみよう。IT職場の課長クラスが上から指示されると、課長は部下に「とにかくインシデントを発生させないように。分かったな！」と命じる。具体的に何をするかといえば、決まってこの2つだ。

・ダブルチェックやトリプルチェックを増やす
・様々なチェックリストを作る

想像しただけでも、業務効率を下げること、このうえなしだ。一方で、経営陣は「残業を減らせ」だの、「業務効率を上げろ」だの、勝手なことばかり言ってくる。現場で汗をかく社員は神経を逆なでされるだけだ。

　それでもインシデントは必ず起きる。人が行う作業で、ミスは決してゼロにはならない。ヒューマンエラーは完全には避けられない。みんなその事実を分かっている。だから現場は大騒ぎになる。そしてこんな会話が飛び交い出す。

インシデントの解釈を巡って「言葉遊び」が始まる
「これ、インシデントじゃないですよね？違いますよね？」

　担当者はひたすらカロリーを消費しながら、時には組織ぐるみで「その事象がインシデントなのかどうか」を判断するための仰々しい会議を繰り広げる。この時点で組織には危険信号が点灯していることに、ほとんどの人は気づいていない。もしくは分かっていても、あえて口には出さない。そうこうするうちに、どこからか「これはインシデントではなくて未遂でしょ」と声が上がり始める。インシデントの解釈を巡って「言葉遊び」が始まるのだ。これはもはや隠蔽行為に限りなく近い。

　インシデント・ゼロ宣言がトラブルの「見えない化」に直結してしまう。なぜなら上司が「俺にインシデントを見せるな」と言い放っているようなものだからだ。そうした現実にどれだけの管理職が気づいているのだろうか。

「再発防止策検討会」の名の下で行われる個人攻撃
　事象がインシデントに認定された場合はどうなるか。すぐに「再発防止策を検討せよ」と、部長などの上司から命じられるのは確実だ。これがまた厄介である。

　再発防止策検討会ではなぜなぜ分析などの原因追究が行われ、そのインシデントが起きた原因を深掘りしていく。ホワイトボードには付箋が並び、様々な要因が洗い出されていく。ここで前向きな対策の検討が話し合われるならいいが、残念ながら多くの場合、そうはならない。インシデントが起きた原

因が、担当者個人の問題にすり替えられてしまう。代表例が次の2つだ。当事者はたまったものではない。

・担当者（当事者）の注意力が足りない
・担当者のスキルや習熟レベルが低い

　これは単なる個人攻撃である。そして打ち出される再発防止策は先ほどと同じか、その強化だ。

・さらに担当者の注意力を高める
・さらにダブルチェックとトリプルチェックを強化する
・さらにチェックリストを増やす

　要は、日本企業特有の「個人の気合いと根性で何とかしろ」となるわけだ。これでは同じミスは永遠になくならない。

　ヒューマンエラーの撲滅において、体育会系の気合いと根性論はナンセンスである。組織の成長を妨げるだけ。インシデントの再発防止策は、仕組みをガラッと変えるくらいの覚悟で臨むべき案件である。個人のスキルや注意力に依存する対策をいくら出しても、インシデントはいつまでたってもなくならない。

隠蔽体質はスクスク育つ
　こうした個人攻撃と二重三重のチェックが毎回繰り返されると、IT職場はどうなるか。現場担当者はインシデントを報告してこなくなる。言えば罵倒されるのは目に見えているし、はっきりいって面倒だからだ。

「この程度ならインシデントじゃないよね」
「うまくごまかせたから報告しなくてもいいや」

「とりあえず大きな影響はなさそうだからスルーしよう」

　担当者自身が自分の都合のいいように勝手に判断し始め、インシデントが顕在化しなくなる。こうしてあっという間に「報告しない」「隠蔽する」組織風土が育まれていく。その“成長”スピードは驚くほど速い。

　だがいつまでもインシデントを隠し通せるわけがない。ある日、トラブルが発覚する。経営陣や部長は激怒し、「どうして報告しなかったんだ！」とわめく。現場担当者は皆、下を向いて黙り込む。だが心の中では「報告すると個人攻撃されて、嫌な思いをするだけ。正直言って面倒くさいんですよ」とつぶやいている。

　そもそも人が介在する業務では多かれ少なかれ、インシデントが発生する。ゼロにするのは不可能である。大切なのはインシデントをゼロにすることではない。問題が起きたら素早く上司に報告される体制や雰囲気を築くことだ。それなしには、再発防止策の打ちようがない。

　インシデント・ゼロは、様々な手を尽くした行動の結果にすぎない。スローガンや努力目標として掲げるのは結構だが、「ゼロ」という数字を必達目標にした途端に話がおかしくなる。

　インシデントが起きたら、すぐに報告してくれた担当者を褒めるくらいでちょうどよい。「インシデントを発見してくれて、ありがとう」の一言を、上司が部下に言えるかどうかで、現場の雰囲気や体質は全然違ってくる。それが、インシデントやヒヤリ・ハットを健全に見える化できる組織風土を醸成する。

ダメ職場の問題構造 14

インシデント・ゼロを掲げるIT職場には、優秀なITエンジニアは集まらない。その問題構造はこうだ（**図表6-1**）。

インシデント・ゼロを組織の目標にすると、ダブルチェックの嵐となりチェックリストが乱立する。生産性はどんどん下がり、かえってヒューマンエラーが起きやすくなる。いざインシデントが発生すると、再発防止策検討会が開かれ、そこでは個人の注意力やスキル不足が指摘される。これは個人攻撃であり、ヒューマンエラーの撲滅には寄与しない。

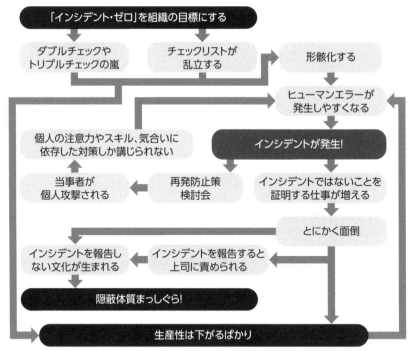

図表6-1　インシデント・ゼロを掲げるIT職場の問題構造
（出所：あまねキャリア工房）

　また、インシデントが起こると、「インシデントではないことを証明する」という仕事が増えるため、インシデントを報告しない文化が生まれる。そうして、隠蔽体質の企業が出来上がる。こんな職場で働きたいITエンジニアはいない。

6-2 「テレワークは正社員限り」などの縛りがあるIT職場

　徐々にテレワークに取り組むIT職場が増えてきた。ただし「まずは正社員から」という条件付きのケースがある。できるところからITを駆使して新たな働き方にチャレンジするのはとても良いことだが、いつまでたってもそこから進歩しないのはいただけない。

「テレワークは正社員だけの既得権みたいな感じ。同じ仕事をしているのに不公平です……」

　こう漏らす非正社員も少なくない。「テレワークは正社員だけ」の状態が続くことのデメリットは少なくない。

チームの一体感、非正社員のエンゲージメントに悪影響
　IT職場は人材の雇用形態が様々だ。正社員、派遣社員、グループ会社社員、協力会社社員あるいはその委託先のスタッフ、フリーランスなど、同じチームにバラエティーに富んだメンバーが集まり業務を遂行する。現実として、正社員オンリーで回しているチームは少ないだろう。運用保守を担当するオペレーションデスクでは、1〜2人の正社員を除く全員が派遣社員や協力会社スタッフというケースも珍しくない。

　にもかかわらずテレワークの対象を正社員に限定すると、チームのメンバー間に少なからず心の溝が生まれる。同じあるいは似たような仕事をしている非正社員が差別的に感じるのは当然だ。その状態が続けば、チームの一体感に影響する。非正社員のチームや仕事に対するエンゲージメントが下がりかねない。「いいな、あの人は。正社員ってだけでテレワークできるんだから」。

そんなネガティブな意識を生みかねない。極めて残念かつ切ない問題である。

「服装自由化」「ノー残業デー」などの制度でもあつれきが

　正社員と非正社員の間に存在する「働く制度の壁」は、テレワークに限らない。近年盛んな、服装自由化やノー残業デーなどの制度にも壁は見られる。

　正社員は服装自由。ポロシャツやTシャツにチノパンやジーンズ、靴もスニーカーやサンダルでもOK。しかしながら非正社員は対象外。酷暑でもスーツにネクタイを締めて革靴で出勤しなければならない。毎週水曜日はノー残業デー。しかし恩恵を受けられるのは正社員だけ。時間内に終わらなかった仕事は非正社員に押し付ける。

　同じ職場、同じチームでありながら理不尽な不均衡が発生している。チームの一体感もへったくれもない。一体感を高めたいリーダーもフラストレーションを抱える。

結局は正社員も出社する羽目に……

　「テレワークを導入しました！」「当社はテレワーク先進企業です！」と、どんなにきれいに取り繕っても、正社員しかテレワークの恩恵にあずかれないなら効果は限定的だ。

　非正社員はいつも通りスーツとネクタイ、革靴、パンプスなどで出社させられる。職場周辺の人たちから見れば正社員も非正社員も区別が付かない。「以前より少し減ったかもしれないけれど、相変わらずスーツ集団が大挙する会社」という様子は変わらない。満員電車の空間占拠もなくならない。

　結局、正社員も通常通り出社しなければならなくなるケースもある。「オフィスに非正社員しかいない状態はマズいだろう」という声があがり、誰かしら監督者が必要だということになる。そのために正社員も出社を強いられ

る。こうして本来オフィスにいなくてもできる仕事を、酷暑や悪天候の中わざわざ皆で出社してこなす羽目になる。

「ウチのチーム全員が正社員だったら私もテレワークできるのに……」

　今度は正社員の側から非正社員に対して心の壁を作りかねない。なんとも本末転倒である。

だからといって「テレワークはやらない」「働き方を変えない」は間違い

　このような話をすると「だったらテレワークなんてやらなければいいんだ」「今までの働き方でよいじゃないか」と対極的な発想になる経営者や管理部門がいる。思考停止もいいかげんにしてほしい。百歩譲って、非IT企業や非IT職場の管理職の発言ならまだ理解できる。しかしながらITのプロは、ITで課題をクリアし、新しい働き方にチャレンジする、そうして世の中に背中を見せる責務がある。

　現に先進的な企業では、グループウエアやWeb会議システムを駆使したバーチャル環境を通じて正社員も非正社員も関係なくセキュアに仕事をしている。オフィスはあくまで、意識的あるいは偶発的に行われる対面コミュニケーションのための場。あるいは、そこで仕事をする方が集中できる人のためのオプションだ。そうしてセキュリティー、一体感、生産性を同時に高めている。

　出社できない人のための非常手段としてだけではなく、新たなコラボレーションやイノベーションを生むための手段として、オフィスにとらわれない働き方をどんどん実践して新たな価値を創出してほしい。それは、IT業界、IT職場の社会的責任でもある。

発注者の側から「テレワークしてください！」と言ってほしい

　とはいえ、非正社員あるいは仕事を請け負っている側からは、なかなか意

見しにくいので、発注者の側から緩めてほしい。「環境を整えました。協力会社の皆さんもテレワークをお願いします」「所属会社にかかわらず服装は自由とします」。

こうして正社員か非正社員かにかかわらず生産性の高い働き方にシフトした職場もある。何なら「スーツとネクタイは禁止」ぐらいのことを言ってもいいのではないか。そこまですれば、働き方も従来の慣習もドラスティックに変わるだろう。

働き方の多様性を認めずして何がダイバーシティか

かくいう私も大手企業で勤務していた時代、この問題で苦しんだ。メンバーの1人が親を介護しなければいけない状態になった。彼女はグループ会社の社員だった。私は何とか彼女にもテレワークを適用できないかと上長やグループ会社の責任者にかけあった。しかしながら会社の判断は「グループ会社の社員はテレワークできない」という無慈悲なものだった。会社は「ダイバーシティ促進」をうたっていたにもかかわらずである。

「何がダイバーシティですか。働き方の多様性を認めなくて、それじゃただの人事のダイバーシティごっこですよ」。私は人事担当課長に言葉を荒らげたが、決定は覆らなかった。

まもなく彼女は退職した。あのとき何もできなかった自分が今思い出しても不甲斐なく、そして悔しい。私の会社に対するエンゲージメントも下がった。

コラボレーションの時代である。世の中を見回しても所属会社や働き方が異なるメンバーが協働して成果を出す「プロジェクト型」の働き方が加速しつつある。正社員と非正社員の間の壁は今まで以上に低くしてしかるべきである。そうでないと仕事が成りたたない。

もう何十年も「プロジェクト型」の働き方に馴染んでいるはずのIT職場、IT業界が仕組みで働き方をバージョンアップできないのはあまりにも情けない。

ダメ職場の問題構造 15

「テレワークは正社員限り」など残念な制限のあるIT職場には、優秀なエンジニアは集まらない。その問題構造はこうだ（**図表6-2**）。

「テレワークは正社員にしか認めない」職場では、正社員と非正社員の心の溝が深まり、チームの一体感に悪影響が出てしまう。結果として、非正社員のエンゲージメントは下がってしまう。また、非正社員が出社するとなると、オフィスに誰かしら社員が必要となって、結局正社員も出社することにもなる。もはや、経営者や管理部門の「仕事ごっこ」「自己満足」でしかない。こんな職場に優秀なITエンジニアが集まることは決してない。

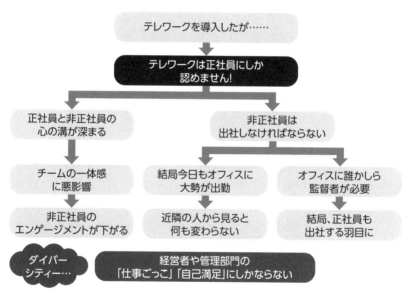

図表6-2　正社員だけにテレワークを認めることが弊害を生む問題構造
（出所：あまねキャリア工房）

6-3 決めない上司にうんざりするIT職場

「ウチの会社、上司の意思決定が遅くて、プロジェクトのスケジュールがいつもカツカツ。正直、やっていられないよ」

　都内のIT職場に勤めるS氏（35歳・男性）はそう言って下を向く。プロジェクトの投資判断や要件定義、システム開発ベンダーの選定など、そのすべての決定に時間がかかる。上司がなかなか決めてくれない。部下はいつまでも、上司に説明するための資料作りや会議に追われて、プロジェクトがキックオフする前に既にヘトヘトだ。こんな日々が続けば、誰だって「やっていられない」と言いたくなる。

　「実は転職活動をしているんだ。外資系企業からは内定をもらっている。いま関わっているプロジェクトがあるんだけれど、どうせまたキックオフまでに時間がかかるだろうから、夏のボーナスをもらったら辞表を出すつもりだ」。こうしてIT職場のエンジニアが1人、また1人、会社を去っていく。

「決めない」ことが優秀な社員を会社から遠ざける

「部下からの提案に何かと理由をつけて、上司が突き返してくる」
「社内向けの資料作りや会議がやたら多い」
「部門長同士で綱引きし、プロジェクトがキックオフできない」
「決裁プロセスが煩雑で、事務手続きに時間がかかりすぎる」

　日本企業にありがちな「決めない」「決まらない」というトラップの数々だ。決めない、決まらないが続くと、優秀な社員ほどその会社から遠ざかろうとする。理由は単純。その会社にいても「自分は成長できない」と感じるからだ。

意思決定が早いA社と遅いB社。社員の成長スピードはどちらが速いか。誰でもA社と答えるだろう。

　A社の社員は既にプロジェクトを進めているのに、B社の社員はキックオフする前の資料作りや会議で、早くも疲弊している。資料作りばかりやらされて、エンジニアは自分のスキルアップにつながると思えるだろうか。普通は思えない。当然、経験できるプロジェクトの数に差が出てくる。エンジニアは経験値の多さが、その人の価値に直結しやすい。だから決めない、決まらないIT職場は、そこで働く社員の成長機会を奪っていく。

　「本当に申し訳ありません。上司がなかなか決めてくれないもので。あと1週間、お待ちいただけますか」。IT職場の社員が泣きそうな顔で頭を下げる。今日はシステム開発を依頼するベンダー選定結果の回答期限日。なのに上司はまだ決めかねている。

　部下は熱意を持って、仕事に取り組んでいる。いち早くプロジェクトを開始したい。でもスタートが切れない。こんな状況に置かれた部下は、本当にかわいそうだ。仕事に対して熱量が高い人ほど、「（上司が）決めない」ことが、その人のモチベーションを下げていく。付き合う相手にも申し訳ない。それが何度も繰り返されると恥ずかしいし、情けなくなる。そしてある日突然、会社への愛着が崩れ去る。

いつまでも「決めない」と優れた取引先も去っていく

　「決めない」の被害者は、自社の社員だけではない。取引先にも影響が及ぶ。「いつまでたっても発注してくれない」「要件を決めてくれない」「情報を教えてくれない」。こんな状態が続けば信頼をなくす。

　今までは「決めない」理不尽さに、何とか相手が耐えてくれていたのかもしれない。しかし、昨今の人手不足は取引先にとっても深刻な問題だ。優秀

なエンジニアを確保するのに苦心している。いつまでも決めてくれない相手に付き合って、待機（アイドリング）している余裕などない。待っている間は、取引先のエンジニアも成長の機会が与えられない。悲しい連鎖である。

　お願いだから、エンジニアの成長機会を奪わないでほしい。このままでは本当に、日本から優秀な人材がいなくなってしまう。なかなか決められない上司に限って、「最近いいベンダーがいなくってさあ」とぼやいたりする。そんな人には、こうツッコミたい。「それはあなたがいつまでも決めないからじゃないの？」

管理職は「決める」「任せる」「開示する」を徹底せよ

　あなたがIT職場の管理職になったら、次の３つを実行してほしい。

・とっとと決める
・任せる
・（情報を）開示する

　部下の提案にケチをつけることが管理職の仕事だと思っているとすれば、勘違いも甚だしい。判断するのがマネジメントの仕事だ。スピード感のある意思決定が、優秀な部下と優秀な取引先をつなぎとめる。その理解がない管理職は失格だ。

　管理職自身が決められないのなら、いっそのこと、部下に決定の権限を委譲するのもありだ。人は任された仕事に主体性を持ちやすい。権限委譲は組織内の信頼関係の醸成や仕事への愛着にも寄与する。決められないなら任せると割り切ろう。

　とはいえ、組織が大きければ大きいほど、意思決定に時間がかかるのは世の常。それなら、せめて意思決定までのプロセスの長さや現在位置を開示す

る。それだけでも部下や取引先の安心感は違ってくる。人は情報を与えられないと不安になる。不安はやがて不満に変わり、不信につながる。情報は積極的にオープンにしよう。

意思決定を早めるツールの活用や無駄な慣習の排除にも、ぜひ取り組んでほしい。いちいち対面の会議を設けず、Web会議やチャットのやりとりで済むものは、それでOKとする。資料作りも極力減らそう。今の働き方改革ブームに乗っかって、無駄の削減に積極投資してみてはどうか。すると仕事が楽になるだけでなく、意思決定も早まる可能性が高い。

ダメ職場の問題構造 16

決めない／意思決定が遅い上司がいるIT職場には、優秀なエンジニアは集まらない。その問題構造はこうだ（**図表6-3**）。

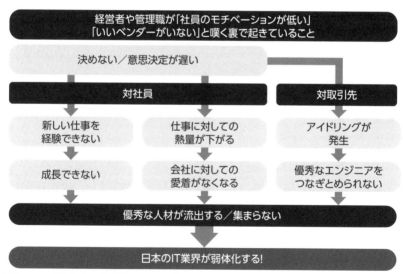

図表6-3 「決めない」「決まらない」が悪影響を及ぼすIT職場の問題構造
（出所：あまねキャリア工房）

　上司の意思決定が遅いと、部下は新しい仕事をなかなか経験できず、成長できない。仕事に対しての熱量が下がるので、会社に対しての愛着がなくなる。そうした社員は会社を辞めたいと思うようになる。

　意思決定が遅いと、そのプロジェクトに入る予定の取引先にも影響が及ぶ。決めない間は「アイドリング」となり、意思決定した時には、アサインするはずだった優秀なエンジニアは他の案件に加わっているかもしれない。

　意思決定の遅い上司のいる職場には、優秀なITエンジニアは集まらない。

対策 求められる「5つのマネジメントと9つの行動」

　旧来製造業をベースとした統制型モデルから、コラボレーション型モデルにシフトしていく必要があると説明した（3-4参照）。中間管理職も、統制型一辺倒のやり方から、コラボレーション型のマネジメントスタイルにシフトしていかなければならない。環境や技術の進化が激しく、中（社内や部内）に答えを得にくいITの世界であればなおのこと、コラボレーション型に変えないと部門そのものの存続も危うくなる。すなわち、マネジメントをアップデートしなければならないのだ。

　コラボレーション型組織で求められるのは、「5つのマネジメントと9つの行動」である（**図表6-4**）。これらは、いずれもこれからの時代のマネジメント層に求められる資質であり行動だ。

5つのマネジメント

	[A]コミュニケーションマネジメント	[B]リソースマネジメント	[C]オペレーションマネジメント	[D]キャリアマネジメント	[E]ブランドマネジメント
① ビジョンニング	★			★	★
②課題発見／課題設定	★		★	★	
③育成		★		★	★
④意思決定	★	★			★
⑤情報共有／発信	★				★
⑥モチベート／風土醸成	★			★	★
⑦調整／調達		★	★		
⑧生産性向上	★	★	★		
⑨プロセス作り	★		★		

（左端：9つの行動）

図表6-4　これからの時代のマネジャーに求められる5つのマネジメントと9つの行動
（出所：『マネージャーの問題地図』（技術評論社刊／作：沢渡あまね））

5つのマネジメント

[A]コミュニケーションマネジメント

上司と部下、メンバー同士、部署間、社外と社内など業務遂行に必要なコミュニケーションを定義して、設計して、発生させる。

[B]リソースマネジメント

必要なヒト・モノ・カネ・情報・能力・機能を特定し、調達する。

[C]オペレーションマネジメント

日々の業務が効率よく回るように、また、問題やトラブルを迅速に解決できるように仕組みを整える。

[D]キャリアマネジメント

組織と個人の成長に必要な要件（スキル、経験など）やストーリーを定義する。メンバーに機会（教育、経験の場）を提供する。

[E]ブランドマネジメント

組織および担当業務の価値を高める。社内外からより良い人材が集まるようにする。

9つの行動

①ビジョンニング

組織（会社／部門／課／チーム）が目指す方向はどこか、何を大切とするかを示し、メンバーに方向付けする。この組織でどんな仕事ができて、どんなスキルが身につくのか、少し先の未来を示し、その組織「らしさ」を語る。「らしさ」を体現している人（ロールモデル）を承認する／正しく評価する。

②課題発見／課題設定

組織が解決する問題を特定し、課題設定する。チームと個人が成長するた

めにチャレンジするテーマを設定する。メンバー全員の問題、課題に対する
景色を合わせる。

③育成

　組織のミッションを完遂するために、また、より高い価値を出すために必
要なスキルを定義する。メンバーには何が足りていて、何が不足しているか
を可視化できる。OJT ／ OFFJTを計画して実行管理し、将来（個人と組織の
成長）に対して投資する。

④意思決定

　迅速かつ適切に意思決定する。部下に権限委譲し、意思決定や優先度付け
を支援する。

⑤情報共有／発信

　組織のビジョン、ミッション、方向性、意思決定に重要な情報などをメン
バーに迅速に共有する。検討状況や進捗状況を共有する。社内外の情報をメ
ンバーに共有する。自組織のらしさや方向性、取り組みや成果を社内外に発
信する。

⑥モチベート／風土醸成

　メンバーをモチベートする。メンバーが課題解決や組織の価値向上に向け
てチャレンジする機会や大義名分を作る。

⑦調整／調達

　組織のミッションを完遂するために、足りないリソース（機能／スキル／
労力）を明確にし、予算を確保して社内外から調達する。メンバー同士の組
み合わせにより、また、外の人の力を借りることで、ミッションを達成する。

⑧生産性向上

　個人個人の生産性が最も上がる環境を提供する。成果の見えにくい仕事や、すぐに結果の出ない仕事を評価する。

⑨プロセス作り

　メンバーが安定して成果を出せるためのプロセスを整備する／再構築する。

　皆さんの職場では、これら5つのマネジメントおよび9つの行動ができているだろうか。ぜひ一度、時間を取ってアセスメント（分析）してみてはどうだろうか（ちなみに、私は全国の企業で管理職向けに「5つのマネジメントと9つの行動」の解説とアセスメントのワークショップも行っている）。すべてをいきなり実現するのは難しいかもしれない。今年度はまず1つ取り組んでみる、来年度はさらに3つやってみる、など、段階的にでもマネジメントを未来型にアップデートしてほしい。

第7章

事務作業パラダイス型

7-1 事務作業に追われるIT職場

「事務作業がやたら多くて、貴重な時間が奪われるんだよね」
「社内の報告書や説明資料作りばっかり」
「設計書を作成しているよりも稟議書の記入欄を埋めている時間の方が長いよ」

　IT職場で働く社員のモチベーションが低い会社では、事務作業が「かなりの悪さをしている」ケースがほとんどである。「会社なんだから、事務作業はこなして当然でしょ」という指摘は確かにその通りだが、私にしてみれば、はっきり言ってその「やって当たり前」という感覚こそが、IT職場のモチベーションや生産性の向上の足を引っ張っていると思う。

　批判を恐れず言うと、IT職場からは事務作業をとっととなくしてしまった方がいい。事務作業まみれのIT職場は、誰も幸せにならない。

面倒な事務作業がエンジニアのやる気を奪う

　ありがちなのは「わざわざ手書きすることを求める」「管理職のハンコリレーの嵐」「頻繁なフォーマット変更」など。特に申請書や稟議書の類いは、作業が実に面倒くさく、時間もかかる。人は面倒に感じると、雑になる。書類の作成でいえば、記入の抜けや漏れが多発する。

　当然、書類を提出しても差し戻される。その結果、事務作業がなかなか手離れしない。やりたくもない事務作業に延々と付き合わされることになる。これがエンジニアの熱量を著しく下げる。本来の業務に集中できないのだから、やる気がなくなるのは理解できる。

　悪いことに、こうした負の流れは社員個人の問題では終わらない。事務部門とIT職場という組織の関係をひどく悪化させる。事務部門は「こんな簡単な作業がどうしてできないのか、なぜ間違えるの？」と感じている。一方、エンジニアは「現場の忙しさを分かっていないんだろ。書類は黙って受け取ってくれよ。不備があるなら、そっちで直してくれればいいじゃないか」と思っているわけだ。お互いをののしり合っている。

　同じ会社で働く社員同士なのだから、本来は協力し合わなければいけない。ところが必ずと言っていいほど、事務部門とIT職場の対立構造に発展してしまう。この問題はIT職場に限ったことではない。間接部門と事業部門、本社と現場という関係にも広く共通していえることだ。こういう状態に陥ると、お互いをリスペクトしなくなる。相手の職場をよく見ようともせずに、事務部門は「悪気なく」現場の事務作業を増やしていく。改善しよう、手間を減らそうという方向には目がいかない。相手に関心がないのだから当然だ。

手続きが複雑過ぎて、外注することさえ面倒に

　面倒な事務作業が積み重なっていけば、エンジニアの負荷は増すばかりだ。気力と体力が事務作業にどんどん奪われていく。

　先日私が訪れたあるIT職場では、驚きの光景を目撃した。このIT職場では長時間労働の常態化が問題になっていた。システムやアプリケーションのチェック項目が増えたため、プログラムのテスト工数が膨れ上がり、業務時間内にテストが終わらないのが大きな原因なのだという。すかさず私は「テストの一部を外注したらどうですか？」と提案してみた。すると現場のエンジニアからは、意外な言葉が返ってきた。

　「我々も以前から外注したいと思っているんです。でもウチの会社は、仕事を外注するために作成しなければならない稟議書の手続きがものすごく面倒なんです。だから外注していません」。なかでも購買部門に提出する稟議

書の作成が難関で、費用対効果の細かな説明はもちろんのこと、必ず複数の外注候補先から相見積もりを取らなければいけないルールがある。その労力に、ものすごいエネルギーを使わなければならないというのだ。

　IT職場の前に立ちはだかる事務作業という高い壁が、こんなところにまで悪影響を及ぼしているのかと、私はあぜんとした。現場のエンジニアも管理職も、事務作業が面倒だからという理由で、外注することにひるんでしまっている。

　先ほどのエンジニアは「自分たちで残業してやってしまった方が早いんです。もちろん、しんどいですけどね」と苦笑いする。短期的に見れば、それでいいのかもしれないが、長くは続けられないはず。早々に考え直した方がいい。昨今ブームの働き方改革はどこへやら。こうして今日も、IT職場は不夜城になる。それでいいのか？いいわけがない。

優秀なエンジニアが寄り付かなくなる

　事務作業が面倒で、機械的な仕事すら自動化もしくは外注できず、本来やるべき仕事に専念できないIT職場では、エンジニアは成長できない。業務に集中する時間も気持ちも失われ、疲弊していくだけだ。

　事務作業に追われていると、IT職場が生み出す成果物の品質やスピードも落ちていく。ライバルに差をつけられ、利益体質になれない。つまり、社員の待遇はいつまでたっても改善されない。優秀な人材ほど辞めていってしまう。そんな問題構造が容易に想像できる。

　IT職場にとって、事務作業は邪魔でしかない。とにかくシンプルにする。極論すれば、なくすに越したことはない。そこで、少なくとも次の3つだけでも（面倒がらずに）目を向けて、実行してみよう。

・不要な事務作業をなくすように声を上げる
・事務作業はできる限り、自動化してしまう
・事務作業が得意な人たちに代行してもらう

　この3つもハードルは低くないが、何もせずに「事務作業は面倒だ」と愚痴を言っているだけでは、状況は好転しない。現場のエンジニアは、本来やるべき業務にしっかりと向き合える健全な職場環境に少しでも近づけるように努力しなければならない。特にIT職場のリーダーには、そうした意識を強く持ってもらいたい。先の3つすら面倒に感じていたら、何も変わらず、最後には自滅してしまう。

事務作業は面倒だが避けて通れず、ならばITで負荷軽減を
　誤解のないように強調しておくと、決して事務業務を軽んじてよいと言いたいわけではない。会社に所属している以上、こなさなければいけない事務作業は必ずある。避けては通れない。

　そうであれば、事務作業を嫌がるエンジニアこそ、ITを使ってもっと作業を楽にする方法を会社に提案してほしい（そして会社はそれを真摯に受け止めるべきである）。エンジニア自らが（公式の場で）声を上げなければ、事務作業は通常減ることはなく、増えていく一方だ。

　IT職場のマネジャークラスの人は自社の事務作業改革に名乗りを上げ、面倒な仕事から社員を開放してあげることを真剣に考えてほしい。楽になれば、みんなから感謝される。IT職場の地位は向上し、社内からリスペクトされ、頼りにされるようになる。

　同時に、事務部門の評判も良くなる。この効果は大きい。IT職場が手助けすれば、お互いにいがみ合うような残念な関係を解消でき。事務部門は管理のプロとして、IT職場の人たちのアイデアと実装力に感謝し、エンジニアを

リスペクトし始める。それが健全な会社というものだ。

　面倒な事務作業を押し付け合っているうちは、会社は変わらないし、不満ばかりが社内を飛び交うことになる。ここはIT職場の社員が技術のプロとしての意地を見せ、事務作業を効率化できる具体的なアイデアを思い切って社内で提案してみよう。「事務作業を撲滅してやる」くらいの気概を持って、踏ん張ってほしい。

　エンジニアの仕事は、より良いITソリューションを提供し、世の中の課題を解決することだ。それをまずは社内で実施し、エンジニアが仕事に集中できる環境作りを整える。それがどれだけできているかでIT企業の勝ち負けは決まると言っても言い過ぎではないと思う。

　事務作業は誰でも面倒で、できればやりたくない、それがみんなの本音だ。でも「やらなくていい」という選択肢はない。ならば、事務作業を減らすにはどうしたらいいかを常に考えよう。確実に言えることは、事務作業まみれのIT職場に明日はないということだ。

ダメ職場の問題構造 17

　事務作業に追われるIT職場には、優秀なエンジニアは集まらない。その問題構造はこうだ（**図表7-1**）。

　事務作業が多くて煩雑だと、エンジニア本来の業務に集中できなくなる。品質とスピードに悪影響を及ぼすので、会社は利益体質にならず、エンジニアの待遇が改善されることもない。本来の業務に集中できないと、エンジニアとして成長できず、モチベーションの低下につながる。

　また、申請や稟議が面倒だと、作業が雑になり、手戻りを生み、面倒な事務作業からなかなか解放されない。業務を外注する手続きなどが面倒だと、

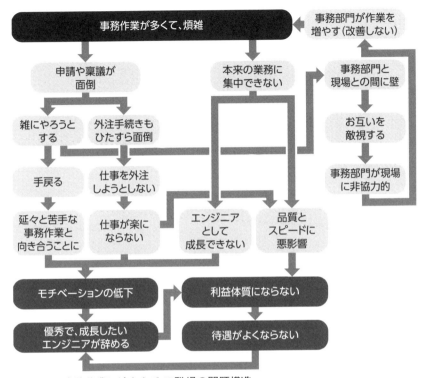

図表7-1 事務作業に追われるIT職場の問題構造
（出所：あまねキャリア工房）

外注しようとしなくなり、エンジニアの仕事は楽にならない。どんどんモチ
ベーションは低下し、優秀で成長したいと望むエンジニアほど辞めていく。
こんなIT職場に人が集まるわけがない。

7-2 手書きにこだわる不可解なIT職場

　都内のIT企業に勤めるSさん。このたび転職を決意し、職場の上司に会社を辞める意向を申し出た。口頭では受け入れられ、Sさんは上司から会社に退職届を出すように指示された。ところが……。

気分悪く社員を退職させたところで、誰も得をしない

「退職届は手書きで出すようにと言われた。直筆の署名が必要というのは理解できる。でも全文手書きで提出する必要性が全く分からない」

　それでも仕方なく、手書きの退職届を出したSさん。だが悲劇は続く。手書きの文面に対して、3回も書き直しをさせられたのだ。会社を辞めるというのに、最後の最後まで面倒極まりない。「てにをは」をチェックされ、「書き直して」と差し戻される。そのたびにゼロから手書きで清書する羽目に。この話、私には、IT職場で日々繰り広げられている手書き文化を象徴する出来事に思えてならない。

　書き直しを求めるのは法的な側面からなのか、あるいは単なる嫌がらせなのか。いずれにしろ、退職届にその会社なりの理想形があるのなら、規定のフォーマットを会社があらかじめ用意しておけばいいだけのこと。社員は書面にサインするだけでいいし、実際そのように運用している会社がある。

　社員の退職手続きを邪魔しているというのなら、それはマネジメントとしてあまりに幼稚過ぎる。それで辞意を覆すとでも思っているのだろうか。私には理解できない。気分悪く社員を退職させたところで、誰も得をしない。その会社の評判を落とすだけ。そのことに気付いていないのだろうか。

手書きの履歴書や職務経歴書を要求

手書きを求められるのは、退職届に限った話ではない。こうした会社では新卒や中途の採用など、入社時の選考プロセスでも同様に、謎の慣習がいまだに残っていることが多い。しかもIT企業やIT職場を名乗っていながら、手書きの履歴書や職務経歴書を要求してくる。すると入社希望者は、毎回ゼロから手書きの書類を作らなければならない。1文字でも間違えたらゲームオーバー。顔写真をズレて貼ってしまっても、そこで試合終了。書き直しになる。

そのくせ、面接では「当社はITを使った社会貢献を目指しており……」「成果で評価する」とか言ってくる。全然、説得力がない。だって、おかしいじゃないか。今どき手書きを求めてくる企業から、ITを活用している感触は得られない。社員を成果で評価するなら、応募書類の体裁や手書きのぬくもりにこだわる必要はないのでは。そうツッコミたくなる。

応募書類の作成が手書きでなくていいなら、入社希望者は楽だ。文書の大部分はコピペすればいいのだから。応募のハードルがグッと下がる。逆に全文手書きや郵送での書類提出を求めてくる「面倒な会社」を、学生や転職を考えている人は候補から外す可能性がある。書類作成が面倒くさいというのもあるが、それ以上に「入社後にも何かと手書きを求められる無駄な慣習が数多く残っているな」と思えてくるからだ。こうして活躍したい人ほど、手書きが残るIT職場から遠ざかっていく。

平安時代の慣習を引きずっている感覚

率直に言えば、今どき手書きにこだわる会社は情緒的過ぎる。もちろん、日本文化を否定するつもりはない。手書きには手書きの良さがあり、時候のあいさつから始まる文書の礼儀作法や、名刺の渡し方、宴席での気遣いなど、素晴らしい日本のカルチャーである。

しかし、ビジネスの場に雅を持ち込み過ぎるのは、いかがなものか。メー

ル1本書くのに、出だしのあいさつや締めの言葉を考えあぐねるのは、はっきり言って時間の無駄。チャットやSlack（スラック）で要件だけをサッと伝えた方が間違いなく、ビジネスのスピードは上がる。社内文書や申請書の類いで、全文手書きを社員に求めるなどナンセンスである。

　百歩譲って、手書きの付加価値を売りにする職種、例えば添削指導教材のスタッフなどであれば、入社時の書類に手書きを求めるのは悪くない（それでも全文手書きにする必要はないとは思うが）。しかし、IT人材の価値はそこではないはず。社内の書類を手書きするなんて、私に言わせれば、まるで平安時代の貴族文化のようだ。令和の時代になっているのに、いまだに昭和どころか、平安の慣習から抜け切れていない。しかもそれがIT職場なら目も当てられない。ハンコ文化も同様である。

　業務をITで効率化して無駄を省き、浮いた時間は別の仕事に使う。それでも時間が余るというのなら、職場で雅を追求するのもいいだろう。しかし、そんな余裕がある会社などあるわけがない。

遠隔で採用面接するIT職場に軍配が上がる

　私のクライアントでもある大手メーカーが2018年、Web会議ツールを使ったリモートの採用面接を始めた。遠隔面接は地方自治体にも広がりつつある。例えば1次と2次の面接はリモートで対応し、最終面接だけは対面にしたところもある。

　採用面接のリモート対応は、事業部門から好評だ。採用の時期になっても人事部門が会議室を大量占拠することがなくなり、ビジネス活動を阻害しなくなる。事業部門から駆り出される面接官も、無駄な移動をしなくて済む。その分、本業に集中できる時間が増える。そして何より、入社希望者の移動時間やコスト負担を減らせる。相手が学生ならお金がかからないのは助かるし、社会人は時間を有効に使える。

　人事の世界では最近、「リファーラル採用」という言葉が注目されつつある。リファーラル採用とは社内外にいる信頼できる人を介した、紹介や推薦による採用活動のことだ。手書きに、ハンコが常識のような会社を、大切な友人や知人に勧めたいと思うだろうか。そもそも今どきの学生は、入社したいと思わないだろう。

　冒頭のSさんが辞めた会社に私は言いたい。「そういうところを直さないから、社員が辞めていくんだよ」。

ダメ職場の問題構造 18

　手書き文書にこだわる不可解なIT職場には、優秀なエンジニアは集まらない。その問題構造はこうだ（**図表7-2**）。

　手書きの慣習が残るIT職場を、入社希望者と退職者の視点から見てみよう。入社希望者からすると、「無駄な仕事が多そう」と思われ、他の会社に行っ

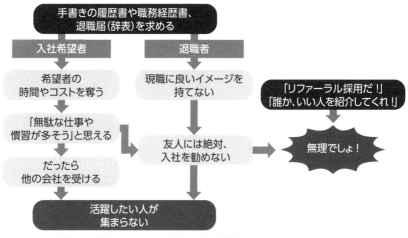

図表7-2　手書きの慣習が残るIT職場の問題構造
（出所：あまねキャリア工房）

てしまう。退職者からすると、その会社に良いイメージを持てないので、友人には絶対に入社を勧めようとしない。こうして、ITエンジニアを遠ざける職場になってしまう。

印刷・製本の慣習があるIT職場

　価値の創出やコラボレーションを邪魔する形骸化した仕事や慣習を「仕事ごっこ」と呼んでいる。煩雑な事務作業や形骸化した会議はその典型だ。仕事ごっこは、IT職場の人たちの気力と体力を奪っている。ここでは、仕事ごっこのボスキャラ級に登場願おう。ドキュメントの印刷・製本である。

一挙公開！ ITエンジニアの心の叫び

　設計書・納品書・報告書などをご丁寧に製本して納品させる慣習はいまだ大企業や官公庁向けのシステム開発案件を中心に目立つ。これにストレスを感じているITエンジニアは多い。以下はすべて、私に寄せられた、IT職場で働くエンジニアの生の声である。ありのままに掲載する。

「私たちは印刷屋でも製本屋でもない。ITの仕事に専念させてくれ」
「プロとして成長したい」
「納品作業専用の案件コードを付与し、データセンターで印刷用の専用プリンターとCPUに印刷処理区画を割り当て、印刷および製本する。SEが専従で7営業日60時間稼働する。本当にばかばかしい」
「大きなファイルにとじられたドキュメントが段ボール10箱分ある」
「紙の端からXミリ空いてることなど細かく指定がある。パンチは指定器具を使うなどのルールを聞いた時、頭が真っ白になった」
「どうしてそんなに形や様式にこだわるのか。頭が悪いとしか思えない」

　ドキュメントの印刷・製本にITエンジニアがどれだけ苦しんでいるか十分ご理解いただけるであろう。どの意見もごもっとも。深く共感する。さらに、こんな声もある。

「かかった費用に対して納品物のボリュームが少ないと（顧客から）怒られる」
「全機器のConfigを印刷してページ数を増やした現場もあるらしい」
「提案書は厚ければ厚い方がよいので、粗悪な紙に表だけ印刷すればいいですよ、と言われた時は脱力した」
「紙の枚数で課金している営業もいる」

　まさしく仕事ごっこ！　開いた口が塞がらない。顧客や、顧客と現場の間に入る営業が仕事ごっこを助長している絵姿には、あきれを通り越して情けなくなる。顧客、すなわち発注者側の声も聞いてみよう。以下は、官公庁でシステム開発や保守を発注する立場の人からのコメントだ。

「年に1度ある会計検査に必要で、理不尽ながらあまり減らすことができない。会計検査院にガツンと言ってやってください！」

　だんだんと諸悪の根源が見えてきた。もう1つ、エンジニアの声を紹介する。

「案件の主契約者である大手SI企業の公共法人営業部門がガツンと官公庁担当部門に言ってくれれば無くなる」

　とまあ、これくらいにしておこう。ITエンジニア諸氏が読んでいてつらくなりそうだし、私もつづっていて腹立たしく、悲しくなってきた。

会計・監査・税務、IT職場、ベンダー……すべてが思考停止
　私もSI企業の勤務時代、この問題に相当苦しんだ。当時、官公庁向けのシステム運用を担当しており、毎月、定例の運用報告をすることになっていた。分厚い報告資料を作成して印刷、製本。そのために、自社のオフィスの複合機を1時間近く専有して印刷し、ホチキス止めの作業。毎月、その時期が近づくとブルーになっていた。耐えかねた私はある時、顧客である官公庁の管

理職と担当者に対して次のように盾突いた。

「毎回、紙で提出させる必要がありますか？ 電子ファイルで事足りるでしょう。地球環境にもよいとは言えません。我々、ITを本業とする人間のモチベーションも下がります。勘弁してくれませんか。これ、人がやる仕事じゃないです」

　案の定、先方からも自社の営業からも総スカンを食らった。「決まりだから」「契約でそうなっているから」とまるで思考停止、行動停止しているのだ（本来優秀な人たちであるはずなのに、非常に残念）。こうして、形骸化したルールが放置されたまま、IT職場の心ある人間の貴重な成長機会と、時間と、モチベーションが奪われ続ける。全くもってアンヘルシーである。

　このシステムの担当から外れたときのすがすがしさを、私は今でも鮮明に覚えている。断言する。会計・監査・税務、顧客の現場、ベンダー……。IT職場に関連する皆が皆、思考停止し、皆を不幸にし続けている。

(1) 会計検査・監査・税務

　会計検査・監査・税務の担当者の中には、自分たちの仕事や管理業務を自己目的化しがちな人がいる。前時代的な仕事のやり方や流儀を守ろうとする。お上（政府）は「働き方改革」を掲げているのに、完全無視。「SDGsだ」「ワークエンゲージメントだ」と言われているご時世においても空気を読まずに、自分たちだけの正義を主張して貫こうとする。生真面目で優秀な分、たちが悪い。正しい正義感と大局観を持ち、最新のテクノロジーに敏感で、効率化を推進する人もいるが、稀有であろう。

　上流／下流なるコトバを使うのは本意ではないが、いわゆる上流の立場の人たちがテクノロジーを使って管理業務や仕事ごっこ化した慣習をアップデートしていかなければ（あるいは、ある程度の妥協をしなければ）、無駄な

仕事はなくならない。ITエンジニアのような、本来優秀な人材をどんどんとスポイルする。ITを中心としたビジネス活動も阻害する。世も末だ。

(2) 顧客の現場

　顧客の現場の人たちも思考停止している。あるいは会計検査・監査・税務などの言いなりで、闘おうとしない。「やりあうのが面倒くさい」「言っても無駄」。このような本音もあろう。しかし、現場が何も言わないから状況が改善されない。

　会計検査・監査・税務などの管理組織がどんどんと殿様になる。あるいは、悪気なく現場のリアルに鈍感になる。そうして、無駄な仕事をなくそうとしない。増やそうとさえする。こうして、形骸化した管理のための業務がいつまでも生き続ける。そろそろ正しくもめてほしい。

(3) ベンダー

　システム開発や運営を請け負うベンダーにも問題がある。顧客と同じく思考停止。行動停止。仕事ごっこを撲滅しようとしない。営業にいたっては、それでもうけようとする。売り上げは上がるが、現場のITエンジニアのモチベーションはだだ下がり。当然である。本来価値ではない、専門領域外の仕事でスポイルされるのだから。心あるエンジニアは遠ざかる。

　百歩譲って、そこまでしてでも成果物の様式美にこだわりたいのなら、発注側がその労力を負担すべきであろう。雅をたしなみたい人たちだけでやってくれ。真剣にビジネスをしたい、プロとして成長したい人を巻き込むのは失礼だ。

このままではIT職場の衰退どころか、国力も下がる

　こんな雅な仕事ごっこを放置していたらどうなるか。ITエンジニアが正しく活躍できなくなる。成長機会が奪われ続ける。そんな職種に、若者は魅力

を感じるだろうか？ ITエンジニアであり続けたいと思うだろうか？ わざわ
ざ日本のお堅い組織下で働こうと思うだろうか？　優秀な人材が、どんど
んと日本のIT職場から遠ざかる。

　最新のテクノロジーを素早く導入し、コラボレーションとイノベーション
で進化し続ける国と比べて後れを取って当然。イノベーティブなビジネス創
出の足も引っ張る。少々大げさかもしれないが、日本の国力低下につながり
かねない由々しき問題なのだ。仕事ごっこ化した、古い仕事のやり方や慣習
は総力戦でもって捨てないと、グローバル化する社会からも取り残される。

目に見えないものを評価しない文化を何とかしないとやばい

　ドキュメントの印刷・製本など、前時代的な仕事のやり方や慣習がいまだ
なくならない背景の1つに、目に見えないものを評価しない文化があると考
えられる。ITシステム／サービスの領域は、目に見えない成果を求められる
ことが少なくない。その結果、ITエンジニアが税務を納得させるためだけに
重厚長大な報告書を作文させられ、不健全かつ不健康な光景が繰り広げられ
る。発注側も受注側もどんどんスポイルされる（残念な人間になる）。

　旧来の製造業的な、「目に見えるものを納品させて検収する」発想が時代
にそぐわないのだ。もはや、バグだといっても過言ではないだろう。これら
のバグをなくすことも、IT業界における立派な働き方改革の1つである。

「イヤだ」「やめてくれ」「つらい」の声を上げよ！

「ITエンジニアに印刷、製本させるの、勘弁してください」
「形だけの報告書の執筆。ストレスでしかありません」
「モチベーションが上がりません」

　現場のITエンジニアはこうした声をどんどん上げていってほしい。イヤ
なことはイヤと言っていい。

形骸化した事務作業や報告業務など、仕事ごっこはこれからの時代、誰も幸せにしない。ITエンジニアが正しく成長できて、活躍できて、ITで新たなビジネスを創出する。社会の課題を解決する。これこそが、健全な社会であろう。本来、ITは楽しくやりがいのある職種であるはずだ。

「仕事はつらくて当たり前」
「仕事なんだから、我慢しろ」
「決まりだから、理不尽でも仕方がない」
「俺たちも耐えてきたんだ（お前も耐えろ）」
「つまらない、やりたくないなんてわがままだ」

　もはや、そんな同調圧力や気合い・根性主義は誰も幸せにしない。極めて不健全な愚行である。

　皆で仲良く苦しむ国や業界や職種に、よい人材が集まるわけがない。少子高齢化の時代、人気職種と不人気職種の差はますます広がる。そして、ITの職種、すなわちIT職場が健全にならなければ、間違いなく日本はテクノロジーで世界に後れを取り続ける。

・つまらない仕事をなくす
・イヤな仕事をなくす、減らす、機械に任せる
・人間らしい仕事に集中できるようにする

　これらはわがままでも何でもなく、社会を健全にする素晴らしい取り組みなのだ。楽しさに貪欲であれ！　幸い世の中、働き方改革ブームである。

・働き方改革
・ワークエンゲージメント
・モチベーション

150

　これらのマネジメントキーワード（ともすればバズワード）に乗じ、理不尽な仕事を指摘しやすい空気になりつつある。現場の1人ひとりが、「イヤだ」「やめてくれ」「つらい」の声を上げる。草の根運動と笑われるかもしれない。しかし、そこから共感者が見つかり、やがて小さな世論となり、組織や階層を越えたムーブメントになる。カルチャーとはこうして変わっていくものだ。

　会計・監査・税務、顧客の現場、ベンダー……。それぞれの立場の人たちが変わらなければ、カルチャーはよくならない。当然である。働き方「改革」なのだから。改革とは、組織や立場の異なる人たちが（ときに壁を越えて協力しながら）それぞれ変わることを意味する。単独で、あるいは1つの層だけに押し付けてどうにかなるものではない。

　私も自身の立場で、講演やメディアなどを通じて、仕事ごっこの撲滅を、そしてエンジニアファーストなカルチャーの価値と重要性を、経営層をはじめとする各層に引き続き訴え続けていく。それぞれの立場で声を上げ、行動を起こし、IT職場の仕事ごっこをやさしく滅ぼしていこう。

ダメ職場の問題構造 19

　ドキュメントの印刷・製本の慣習が残り続けるIT職場には、優秀なエンジニアは集まらない。その問題構造はこうだ（**図表7-3**）。

　会計検査・監査・税務の立場の人は、旧態依然の仕事のやり方を変えようとしないので、無駄な報告義務まみれになる。ベンダーは、顧客の言いなりで、それでもうけようとする人もいるので、改善が進むことはない。IT職場も会計検査・監査・税務の言いなりで、成果物は印刷して製本がマストとしている。結果、IT人材が価値創造の業務に時間をフルに使うことができず、モチベーション低下やエンゲージメントの低下、組織力の低下も招く。そんなIT職場に優秀なエンジニアはやって来ない。

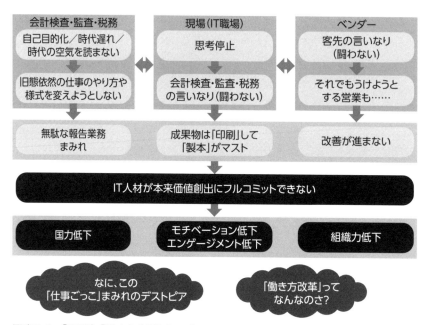

図表7-3 「印刷」「製本」「報告」に追われるIT職場の問題構造
（出所：あまねキャリア工房）

7-4 **対策**　事務作業をやさしく滅ぼす。IT職場が率先して！

　全国300以上の職場を見てきた率直な感想として、日本は事務作業大国である。そして、この傾向は日本の発展を妨げているとすら感じている。行政・民間問わず、ハンコ文化、書類文化がテレワークなどの柔軟な働き方を阻害し、かつイノベーションの足かせになっている。私たちは煩雑な事務作業をなくし（あるいはデジタル化し）、社員や協力会社の人たちが事務作業などの間接業務から開放され、本来業務にフルコミットできる健全な環境をつくっていく必要がある。情シス部門など、IT職場の立場で事務作業をやさしく滅ぼすにはどうしたらいいだろうか。3つ提言する。

提言1　事務作業にかかっている時間や手間を可視化し、声を上げる

　何事もまずは可視化から。「当たり前」のように行っているルーチンワークは、日常の景色に同化して誰も問題だと思わなくなる。同質性の高い組織であれば、経営層にも問題として認識されにくくなる。だからこそ、まずは、声を上げることから始めてほしい。

　「決裁」「稟議」「発注」「受注」「業務報告」「定例会議」「稼働集計」「経費申請」……これらの日常的な業務について、「何にどれだけの手間がかかっているか」を測定・記録する。資料を探すのに何分、作文するのに何分、差し戻しや手戻りが何件、修正に何分、調整業務に何分……など、プロセスごとにかかった時間や手数を記録しておけば、それ自体が組織として問題視する／しないを判断する有用なデータになる。これらを「当たり前の雑務」でくくってしまうと、いつまでたっても組織の中で正しく問題化されない。よって、改善のモチベーションも働かない。まずは個人のメモレベルでも構わないので、測定・記録して共有しよう。

提言2　やめること、やめたいことを決める

　客観的なデータをとりつつ、主観を添えるのも大事だ。測定した事務作業のうち、IT人材として「これはやりたくない」「イヤだ」「つらい」の声もきちんと上げる。本編でも強調した通り、どうも私たち日本人は「仕事はつらくて当たり前」「皆我慢しているのだから、あなたも我慢しなさい」「楽することは悪」のような価値観が根強いようだ。しかし、それは未来の私たちも後世の人たちも幸せにしない。

　個人で提言しにくければ、半期に1回、あるいは年に1回でも構わないので、「業務棚卸し会」のような場をIT職場内で設け、ルーチンで行われている事務作業を書き出し、「やめること」「楽にすること」「続けること」「自動化すること」などを選別してはどうだろうか。そのような公式の場を設けることで、普段は言いにくい本音や意見を言いやすくなり、共感および合意形成しやすくなる。

提言3　小さくデジタルに載せてユーザーエクスペリエンスを創出

　部門内で完結する稼働集計の業務など軽微な事務作業であれば、「小さくデジタルに載せる」のも有効なアプローチだ。オンプレミスで大げさなシステム構築となると時間も手間もかかるが、小さく始められて（ユーザー数で課金）、いつでもやめられるクラウドサービスであれば、社内で大げさな決裁をとるハードルも下がる。

　最近のクラウドサービスは、インターフェースも優れている。こうした使いやすいインターフェースを体験してみると、ITリテラシーの向上に寄与する。細かな説明をするくらいなら、体験して改善のファンにしてしまう方が早い（人は、説得するよりも、納得する方が自ら率先して動く）。投資のハードルが高ければ、試しに無料版を使ってみるのもありだ。

　ただし、やりっぱなしではダメ。必ず期限を決めて振り返りをする。「こ

こが楽になった」「ここが使いにくい」「こんなサポートが必要」など、新し
いITツールを使ってみたメリットや課題を言語化することで、次に生かす。
言語化することで、その場にいない第三者（上位層や他部署の人たちなど）
にもメリットや課題を訴求することができる。その結果「ウチの部署でも
やってみたい」「こうしてみたらうまくいくのではないか？」など、新たな
取り組みのファンや課題解決の協力者が現れることもある。こうして、あな
た（たち）の小さなチャレンジ発で、組織文化が変わり始める。

第8章

お客様は神様型

目先の売り上げしか気にしない営業が幅を利かせるIT職場

　開発も運用も、営業とは仲が悪い。IT職場でよくある話である。

「できそうにない提案をさせられる」

　残念ながら、いわゆるSI企業で、営業と仲むつまじいIT職場にはあまりお目にかからない。営業は目先の売り上げや数字を重視するあまり、顧客の言いなりになりがちだからである。例えば次のような営業だ。

・顧客からの価格交渉に応じ、大幅値引きで仕事を受ける
・コンペに勝つために、値段を下げて無理に受注する
・むちゃな納期や追加要件。顧客に言われるがまま受けてくる

　私が先日訪問した大手SI企業のプロジェクトマネジャーは次のように漏らしていた。

「毎度毎度コンペは正直勘弁してほしい。受注できるかどうかも分からないのに、見積もりやら提案やらで無駄に時間を奪われる。受注しても金額が低くてモチベーションが上がらない。プロジェクトは常にカツカツ。人を増やせなければ、育成できない」

　極め付きが次の一言。

「できそうにない提案をさせられる。現場のメンバーたちは営業のいないところで、こう言っていますよ。『頼むから、失注してくれ』ってね」

　一体感もへったくれもない。営業とIT職場の溝は深まるばかりだ。

高値で受けるのも問題

　では高値で受注すればよいかと言うと、そういうものでもない。顧客の期待値をいたずらに上げてしまうからだ。受注金額に見合った予算をプロジェクトに充てるならさておき、本社や営業部門がごっそりマージンをもっていく。多重請負構造の場合、介在するエージェントが中抜きをする。プロジェクトに、あるいは参画するプロジェクトメンバーに支払われるお金は少ない。

　顧客は悪気なく、あれもこれもと高い要求をする。当然である、顧客は高いお金を払っているのだから。しかし、現場からすれば割に合わない。「そんなにもらっていないのに、なぜそんなに多くを期待するのか」とフラストレーションをためる。現場のメンバーは、自分たちの人月単価を知らない場合も多い。こうして、顧客の期待とIT職場のパフォーマンスにギャップが生じる。

　さらには、顧客は「高いお金を払っているのだから、これくらいやってよ」とわがままをどんどんエスカレートさせる。そうなると現場はいよいよ火の車だ。うまくいかなければ、顧客からの信頼を失う。責められるのは現場だ。そして優秀な人材が次々に辞めていく。

「お客さんのためだから」

　営業は、顧客が喜ぶことなら何でもやる。経営や上層部から「顧客第一主義」「お客様は神様」をたたきこまれているからだ。そして、現場に上から目線でこう言う。

「お客さんが要求しているんだから、やってよ」
「お客さんのためだから」

しかし、現場はこれをうのみにしてはいけない。この発言は時に営業の妄想である。顧客が実際には望んでいない、要件、報告業務、情報共有の会議などを無駄に増やす。これが多重請負構造のプロジェクトなら目も当てられない。1次請け、2次請け、3次請け、すべての営業が余計な業務を増やす。まるでシャンパンタワーの如く、不要な業務があふれ、現場をグチャグチャに疲弊させるのだ。

　営業が付加価値を出したい気持ちは分かる。しかし顧客が望んでいない仕事を増やすのはいかがなものか。誰も幸せにならない。「何もしないことが価値」の場合もあるのだ。

最近では営業部隊を持たないIT企業も
「営業は、受注して売り上げを立てることだけを目的化してしまう」
「営業が無駄な仕事を増やす」

　このような従来型のビジネススタイルに疑問を感じ、営業部隊を持たないSI企業やITサービス企業が登場し始めている。

　数人の事務サポートスタッフを除いて、全員がエンジニア。顧客とのやりとりもエンジニアが行う。コミュニケーションのひずみやスピードのロスが発生しない。その結果、コストを抑えられる。顧客と現場が密接になり、現場の空気感がそのまま顧客に伝わるため、無理な要求を退けやすい。そもそも無理な案件であれば、コンペに参加しないし、当然受注することもない。このような、現場の実態にあった主体的なマネジメントが可能だ。

　営業の価値がないと言っているのではない。大規模プロジェクトのコーディネーション、顧客との関係構築など、営業のコーディネーターとしての役割は大きい。今一度、営業のあり方を見直してほしい。目先の売り上げ重視で、どんな案件でも受けてしまう。現場に無理難題を押し付ける。安値で

受注する──。そんなことをしていては、顧客も現場も幸せにならない。いつまでたっても利益体質にならない。営業のバリューも下がる。

ブランドマネジメントの本質

「自社はどんな技術やサービスで勝っていくのか？」
「どこで稼いでいくのか？」
「顧客やパートナーからどう見られたいか？」
「どんな顧客を優先するか？」

　すなわち、自社のブランドは何かを真剣に議論し、営業戦略を再構築してほしい。これは営業単独でできる話ではない。経営と、広報やマーケティング部門と、もちろん開発や運用の現場と連携する必要がある。ブランドは、社是を毎朝大声で唱和していれば作られるものではない。わがままな顧客の「便利屋」「何でも屋」になってはいけない。自社のブランドの目指す方向性と合わない顧客や案件は辞退する。

　理想的な顧客、理想的な取引先、理想的な社員を引き寄せ、求心力を高め、正しく利益を生み出していく。これこそが、ブランドマネジメントの本質だ。実際、自社に利益をもたらさない顧客との取引を中止するSI企業も現れ始めている。現場の負担となる要求や無理難題については、顧客に対して毅然と断る営業担当者もいる。決断には軸が必要だ。この軸こそブランドに他ならない。

ダメ職場の問題構造 20

　目先の売り上げしか気にしない営業がいるIT職場には、優秀なエンジニアは集まらない。その問題構造はこうだ（**図表8-1**）。

　目先の売り上げだけを考え、営業が安値受注することも、無駄に高く売ることもある。安値で受注すると、使えるコストが限られるので増員できず、

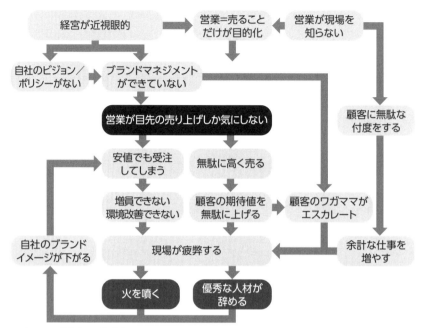

図表8-1 「残念な営業」が曇らせるIT職場の問題構造
（出所：あまねキャリア工房）

環境を改善することができない。無駄に高く売った場合、顧客の期待値を無駄に上げることになり、そのしわ寄せは現場にくる。いずれにしても、現場は疲弊し、プロジェクトが火を噴いたり、優秀な人材が辞めたりする。こんな職場に優秀なITエンジニアはやって来ない。

8-2　近視眼的な経営者のいるIT職場

「ウチの職場、また社員が辞めたんです。『ここでは成長できない』って。優秀な人ほど会社を去っていきます。私もそろそろ、次を考えないと」。

　最近、IT企業やユーザー企業のシステム子会社といったIT職場で働く人たちの転職が、以前にも増して目立ってきたと感じる。TwitterやFacebookなどを見ていると「○○社を退職しました！」といった具合に、退職の文字がタイムラインでやたら目につく。退職者の世代も様々で、20〜30代の若手や中堅から、40〜50代のベテランや管理職まで幅広い。人材不足による求職者側の「売り手市場」の流れも影響しているだろう。

いつまでたっても、非効率な働き方が解消されない

　だが理由はそれだけではない。率直に言うと、優秀な人ほど今のIT職場に見切りを付け始めた。なぜIT職場から優れた人材が去っていくのか。IT職場はいつも目先の開発案件の納期に追われ、遅れることが許されない。スケジュールもコストも常にカツカツだ。何かが狂えば、すぐにトラブルになる。そんな状況では、職場環境や仕事のやり方を改善している時間も余裕もなくなって当然だ。人材を育成するゆとりもない。

　結局いつまでたっても、非効率な働き方が解消されない。顧客の働き方改革を支援しているというのに、自社のIT職場は火の車だ。皮肉な話である。現場のモチベーションが上がらなければ、良い人材は育たない。顧客に改善を申し入れる余力もない。そんなことをしている暇があったら、目先の仕事を片付けた方がマシと考えてしまう。だから顧客のリテラシーはいつまでも上がらない。

そして今日もまた、顧客は悪気もなく、こう言い放つ。「ついでにこの要件もお願い。でも納期は延ばせないし、予算も増やせないから。あとはヨロシク！」。本来あってはいけないことだが、現実にはこうした発言が飛び交っているのが実情である。はっきり言って、仕事の割が合わない。本来なら、顧客を「教育」しなければならない。

どんどん疲弊し、みんな辞めていく

社員がどんどん疲弊していく、悲しきIT職場。そんな環境に嫌気が差して、1人また1人と社員が辞めていく。人手不足で要員を補充することができないし、育成している時間もない。IT職場は目の前の案件で手いっぱいだがチームの生産性は下がる一方で、気合いと根性で何とかするしかない。

一度や二度なら、気合いと根性で乗り切れるかもしれない。しかしそれが「ゆがんだ成功体験」として会社に定着してしまうと、必ず悲劇が起きる。ストレスに耐え切れなくなり、社員が辞めていくのだ。こうなると、もはやデスマーチである。揚げ句の果てに、残された人たちはプロジェクトを2つ、3つと掛け持ちすることになる。だって、人がいないのだから。こんな状況はどう考えてもおかしい。

事の発端は、経営と営業の目先主義

どうしてこんな悲惨なことになるのか。何でもかんでも仕事を取ってくる営業担当者が、いや経営者がダメすぎるのだ。あまりにも近視眼的である。目先の案件を取ってくることにしか関心がない。これでは会社を経営できているとは言えない。経営者が近視眼的だと、営業担当者は「自信」を持って、目先の数字欲しさに何でも受注してくる。安値だろうが、その領域の開発実績が社内になかろうが関係なし。口先だけで顧客をその気にさせて、仕事を取ってくる。

それだけならまだしも、顧客からの無理な（そして無邪気な）要求まで全部

受けてくるから、始末に負えない。営業担当者は仕事を受注できるなら、顧客のむちゃな頼みをたしなめたりはしないのだ。「この費用と期間ではできません」とは、口が裂けても言わない。当然、後から話を聞かされるIT職場のプロジェクトマネジャーやエンジニアは難色を示す。それでも営業担当者は無慈悲にもこう言う。「お客様の要望なんだからさ、やってよ。頼んだよ」。

　そもそもスタート時点から、赤字ギリギリで受注している案件が数多い。これでは増員もできないし、改善や人材育成にかけるお金や時間を捻出できるわけがない。それでもスケジュールは厳守。厄介なのは、この手の営業担当者に限って、自社の経営者や顧客からの評判が良い。かくして、IT職場の苦悩は社内で問題として扱われないことがほとんどで、人事部門も見て見ぬ振りとなり、絶望的である。

今までは、それでも何とかなってしまった

　残念なことに、これまではそんなむちゃくちゃな状態でも、IT職場の頑張りで何とかなっていた。いや、本当は「何とかなっていない」のだが、経営者や営業担当者、そして顧客の目には裏方の苦労は見えないので、問題がないように思えていた。

　こうした偽りの成功体験が、経営者の頭から業務や職場環境の改善という発想を遠ざけていく。昨今ブームの働き方改革もどこ吹く風。ビジネスモデルを見直す機運は全く高まらない。そして利益がほとんど残らない商売が延々と続く。要は、気合いと根性で目先の案件を何とかこなす勝ちパターンしか知らないのだ。

　でも、こんな仕事の進め方は勝ちパターンではない。ブラックな職場から社員は遠ざかっていく。そろそろビジネスモデルや働き方を本気で変えないといけない。今までの残念な成功体験は、いよいよ通用しなくなる。そのときに慌てても手遅れだ。会社そのものがなくなってしまう。それくらいの危

機感を経営者が持たなければ、もはや生き残れない。

未来を見据えたIT職場だってある

　もちろん、現状を打破しようと頑張っているIT職場もたくさんある。ある
SI企業では、部長が「売り上げ目標は未達でもいい。利益重視でいく」との
ポリシーを掲げた。すると最終的にその部門は、売り上げも利益も目標を達
成したという。目先の売り上げにとらわれず、中長期的な成長を見据えた具
体的なビジョンを示して成功した好例である。

　経営者や上司が指し示す明快なポリシーや目標は、メンバーの行動指針や
ブレない判断の軸になる。あなたのIT職場には先々を見据えたポリシーや
ビジョンがあるだろうか。そして体現できているか。

　目先のメリットだけを追わない。気合いと根性だけに頼らない。それを世
の中では「マネジメント」と呼ぶ。目先の案件を気合いと根性で何とかこな
してきた会社は、残念ながらマネジメントができていない。そんな近視眼的
な企業や組織は優秀な人材に愛想を尽かされ、捨てられる。日本企業は今こ
そ、マネジメントの本質を試されている。

ダメ職場の問題構造 21

　近視眼的な経営者のいるIT職場には、優秀なエンジニアは集まらない。そ
の問題構造はこうだ（**図表8-2**）。

　経営者が目先の案件や売り上げしか考えていないと、営業が安値（または
赤字覚悟）で受注してくる。プロジェクトはスタートからカツカツなので、
ひとづくりにお金をかけられず、人材を育成できない。当然、生産性は上が
らず、モチベーションも上がらない。社員が辞めていけば、人を無理やりか
き集めてプロジェクトを乗り切ろうとするので、さらに人材育成などには手
が回らない。

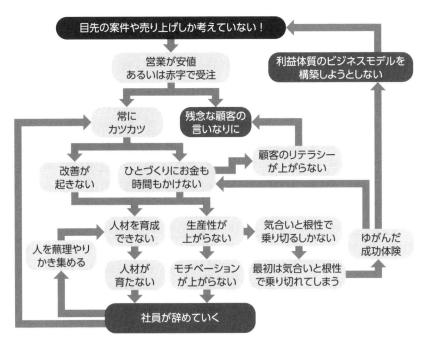

図表8-2　近視眼的な経営者のいるIT職場の問題構造
（出所：あまねキャリア工房）

　気合いと根性で乗り切るしかないのだが、乗り切ってしまうとそれがゆがんだ成功体験となり、利益体質のビジネスモデルを構築するしようとはしなくなる。ますます、目先の案件や売り上げしか考えなくなってしまう。こんなIT職場で働きたいエンジニアはいない。

IT職場こそブランドマネジメントを

　行き過ぎた顧客第一主義は社員を幸せにしない。目先の売り上げだけを追い続けると、価格競争に巻き込まれ安値でしかビジネスを受注できない会社となる。社員は疲弊し、離職を加速させる。その負のスパイラルに陥らないためには、いかなる企業も自社あるいは自部署のブランドは何かを言語化し、体現する。すなわち、ブランドマネジメントに取り組む必要がある。

ブランドとは「ファンやリピーターを生み続ける力」

　ブランドと聞くと、いわゆる高級ブランド（プラダ、ヴィトン、メルセデス、リッツカールトンなど）を想起するかもしれない。しかし、そうではない。いかなる組織も製品もサービスも、あるいは人（あなた自身）もブランドになり得る。では、ブランドとは何か。

　「ブランド」＝「また買いたい／利用したいと思わせる力」「ファンやリピーターを生み続ける力」と説明できる。例えば、ディズニーファンのAさんは、ディズニーの世界観に引かれている（すなわちファン）ので、第三者に促されなくても内発的動機付けによりディズニーランドを訪れたり、ディズニー関連のグッズを購入したり、映画を視聴したりする。Aさんに対して「また買いたい／利用したいと思わせる」「ファンおよびリピーターにする」見えない力が作用している。ファンは、お客さんだけではない。ディズニーの施設やショップで働き続けているスタッフ（キャスト）は、ディズニーの世界観に魅了され、一員であることを誇りに思っている。中の人（社員や協力会社のスタッフ）に「ここで働き続けたい力」をももたらしている。

　ブランドが確立すれば、わざわざ企業が営業活動をしなくても、あるいは

安売りをしなくても、自社に理解を示してくれる良い顧客が集まる。顧客の口コミにより、良い顧客がさらに増え、自社のビジョンに共感する社員や協力会社が集まる。長い目で見て、強いブランドは営業コスト、マーケティングコスト、採用コスト、およびコミュニケーションコストを下げる。

自社が誰にどう見られたいかを言語化しよう

　ブランドマネジメントの一丁目一番地は、自社（あるいは自部署（あなたのIT職場））が誰にどう見られたいかを言語化することだ。ここがきちんと言語化され、組織の共通認識にならないと、日々の営業活動、マーケティング活動、採用活動など、部署やチームの取り組みの方向性がぶれ、結果として自社にとって好ましくない顧客に振り回されることになる。あるいは、自社の方向感やカルチャーと合わない人を採用し、皆が不幸になる。

　私は顧問先やクライアントに対して「ブランド・マネジメント・ワークショップ」をたびたび実施している。このワークショップでは、初めに「誰に」「どう見られたいか」を参加者に書き出してもらう。「どう見られたいか」をいきなり言葉にできなくても、「そういえば、こういうお客さんとはいつももめる」など現状のブランドステークホルダー（「誰に」の「誰」）との関係性や、行動の良しあしを振り返ることができる。「誰に」「どう見られたいか」を言語化するための簡単なフォーマットを用意したので、自社や自部署のブランドマネジメントのはじめの一歩に活用してほしい（**図表8-3**）。

社員をどうしたいか？

　ブランドステークホルダーの中でも最も重視したいのが社員である。少子高齢化による労働力不足が加速するこれからの時代、社員を大切にしない企業は衰退するだろう。社員にとってどのような企業や部署でありたいかをしっかり言語化し、企業や部署の取り組みや日々の業務の優先度の判断に織り込んでいかねばならない。

誰に	どう見られたいのか？
見込み顧客	
顧客	
取引先	
株主	
投資家	
社員	
協力会社スタッフ	
他部署	
社員の家族	
採用候補者	
地域住民・自治体	
……	

図表8-3　ブランドマネジメント
（出所：あまねキャリア工房）

　IT業界ではないが、米国の航空会社サウスウエスト航空は「従業員満足（Employee Satisfaction）第一主義」「顧客第二主義」を経営理念に掲げている。IT業界に目を向けてみると、例えば札幌市のITベンチャー企業キットアライブは「プロジェクトに携わるエンジニアのライフスタイルが豊かになるよう、支援して参ります」と企業理念でうたっている。同社は、コロナ禍より前にテレワークを導入。同社のITエンジニアは場所にとらわれず、自らが最適な環境で業務を遂行している。「社員をどうしたいか？」「社員にどう見られたいか？」を明文化し、発信し、そして体現する。そうすれば企業や部署のブランドを、中から強くできる。

ブランド＝中長期を見据える行為。IT職場ではR&Dに投資も

　ブランドは目先の短期的な利益だけを追っていては形成されない。こと情報システム部門などのIT職場においては、R&Dなど中長期を見据えた研究開発への投資や機会提供が、成長意欲とチャレンジ精神ある優秀なITエンジニ

アの求心力を高め、ひいては顧客や事業部門などのファン獲得にも寄与する。

　これまたIT業界ではないが、長野県伊那市に本社を置く伊那食品工業は、「人材の1割を研究開発に」をテーマに掲げ、毎年予算を確保して研究者を育てている（同社は、48期連続増収増益を達成）。まずは、予算の1割、あるいは業務の1割で構わない。あなたの職場でもR&D領域を作ってみてはどうだろうか。

「コストセンター」と言うな

　ブランドマネジメントやR&D、育成などは中長期の取り組みなので、なかなか目に見えた成果が出にくい。さりとて、コスト扱いして軽視すると、長い目で見て企業の屋台骨をボロボロになる。

　情報システム部門やIT担当を「コストセンター」と呼び、軽視する組織もあるが、私は「コストセンター」なる言葉が大嫌いだ。どこぞのコンサルタントが言い出したのか、直接利益を稼ぐ部門（プロフィットセンター）と対比する意味で命名されたようだが、経営層が経営戦略を語る上で使うのは良しとしても、現場の社員たちに言うべき言葉ではない。「コストセンター」なる言葉が、悪気なく営業部隊を殿様にし、IT職場で頑張る人たちのプレゼンスや自己肯定感を下げる。そんな組織風土をじわりじわり醸成させている。なにより、ITは間接的であれプロフィットに貢献している。言葉の選び方や使い方ひとつで、その企業の徳やポリシーが分かる。それが、その企業や部署のブランドイメージをも左右するのだ。

第9章

学習不全型

9-1 学べず成長機会が乏しいIT職場

　「学習機会がない」「社内にノウハウがたまらない」——。あるIT職場で実施した社員の満足度調査に寄せられた、若手からの辛辣なコメントである。企業が実施する従業員満足度調査で、この2つを会社に対する不満として挙げる人は少なくない。IT職場も例外ではなく、名だたる大企業でもこんなネガティブな意見を頻繁に見かけるという。

　「誰もが知っている有名企業のIT職場には、先人の知恵や洗練された業務プロセスが確立されていて、しかも大きな仕事や新しいチャレンジができる」。そう意気込んで入社してきた若手が目の当たりにする現実の景色は、想像とは全く違うものだった。例えば、こんなふうに。

・属人化したノウハウや勘で業務を回している
・誰に何を聞いたらいいのか分からない
・毎回、自分でゼロから考えて走るしかない
・最後に求められるのは気合いと根性

　入社前に抱いていたIT職場のイメージとの大きなギャップに、新人や中途入社の社員が落胆するのは当然のことだ。もちろん、自助努力や自発的な個人学習は必要不可欠である。しかし、会社が個人の学びに期待しているだけでは、組織のレベルは下がる一方だ。スピードが求められる今の時代、こんなIT職場は危機的状況にあるといえる。

組織の学びには「経験」と「学習機会」が必要
　個人と組織の成長には、2つの条件が必要である。1つは「経験から学ぶ」

こと。もう1つは「学習機会を設ける」ことだ。

　ITを扱うプロジェクトにおいて、すべてがうまくいくことは極めてまれ。誰しも大小様々な失敗プロジェクトを経験するものだ。この経験を生かさない手はない。成功と失敗の経験を言語化し、組織で共有する。後進に向けて記録を残す。いつでも参照できるノウハウや再現可能な知識として保管・伝承する。

　経験から学べるプロセスをきちんと回せなければ、いい経験も苦い経験もすべて無駄になる。せっかく経験したことを次につなげられないのは、非常にもったいない。一方、意識的な学習機会の創出も、学べるIT職場を作るための肝になる。幸い、ITは学べるチャンスがたくさんある。

・技術セミナーや研修に参加する
・外部の専門家を招いて話を聞く
・本や論文を読む
・勉強会を開く
・新技術を試すミニタスクを走らせる

　人は誰しも目先の仕事に追われがちである。だからこそ、意志を持って予算や時間を確保し、学習機会を用意しなければならない。個人任せの学習は、かなり意識が高い人でない限り、自然発生的には生まれない。

　職場によっては、下手に学習意識の高さを見せると「変わった人」扱いされてしまう。会社からも特に評価されないので、段々ばかばかしくなってきて学ぶのをやめてしまうのがオチだ。こうして学ばない社員がまた1人増える。学びを生む仕組みや制度が設計されていないIT職場の典型的な姿である。

目先主義や削減主義は成長機会を奪う

　控えめに言っても、多くのIT職場は目先のことしか見えていないのが実情である。システム開発のプロジェクトもその後の運用も、計画通りに進まないのが常だ。火を噴いて当然で、火消しに追われる。それを理由にし、諦めムードのまま社員の学びを放置しているIT職場が実に多い。諦めたままで本当にいいのか。放っておくと、ますます誰も学ばなくなる。経験に学ばないので、いつも行き当たりばったり。求められるものは気合いと根性。そして体力勝負。みんなどんどん疲弊していく。

　過去の成功や失敗に学ぼうとしないし、学びの機会も設けなければ、社員はいつもゼロから物事を考えることになる。だから同じミスやトラブルを繰り返す。学習しない組織は、過去に（組織として）経験したはずのトラブルに再びあたふたすることになる。すると長時間労働が常態化する。そんなIT職場の社員は学習しようという発想も時間も気力もなくなる。なぜなら目先の仕事や火消しで手いっぱいなのだから。

　その間、学習する組織はどんどんスピードを上げて、新しいことにチャレンジしていく。この差は大きい。目先の仕事に追われ、長時間労働が目立ってくると、今度は上から「残業時間を減らせ」と言われる。その矛先が真っ先に、学習機会の削減に向けられる。なけなしの学習時間も予算も削られ、さらに学習しない組織が出来上がる。こんなIT職場に優秀な社員やいい取引先が集まるはずがない。

　学びに時間とお金をかけてもらえると、人は「自分（の仕事）がリスペクトされている」と思えるようになる。すると仕事へのモチベーションも、学習する動機も高まる。こうして優秀な人材が育ち、魅力のある組織に変わっていく。

　目先のことしか考えない残念なIT職場に、良い人材は決して集まらない。少子高齢化が進むと、いよいよこの差は顕著になるだろう。

ダメ職場の問題構造 **22**

　学べず成長機会が乏しいIT職場に良い人材は集まらない。その問題構造
はこうだ（**図表9-1**）。

　目先主義・削減主義では、振り返りの時間を取らない。学習を評価しない
ので、ナレッジをためる仕組みがない。つまり、経験から学べない。また、
学習する予算や時間を取らないので、学ぶチャンスがなく、学習機会を設け

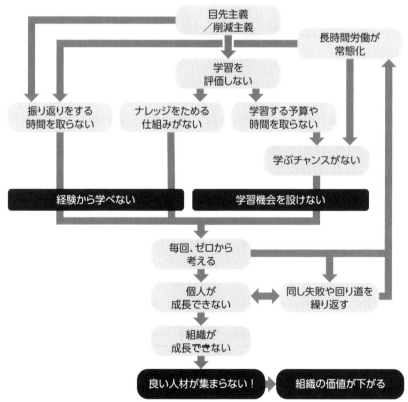

図表9-1　「学べない」IT職場の問題構造
（出所：あまねキャリア工房）

ることができない。すると、毎回、ゼロから考えることになり、個人として
も組織としても成長できず、同じ失敗や回り道を繰り返すことになる。結果
として長時間労働が常態化し、ますます学ぶチャンスがなくなる。こんな職
場に優秀なITエンジニアはやって来ない。

9-2　研修を受けられない「負け組」のIT職場

「ウチの部署は予算が少なくて、外部の研修が受けられない」
「前の部署では教育にお金をかけてもらえたのに、IT職場に異動したらセミナー参加どころか技術書すら買ってもらえない」
「部長が代わったら、人材育成の予算が全部カットされた」

　ある中堅SI企業の社員たちがため息をつきながら、こう漏らす。不満の理由を一言で言えば、教育機会に社内格差があるのだ。同じ会社に勤めていながら、外部研修を受けさせてもらえる／もらえない、本を購入できる／できない。部門間で予算に大きな差がある。

　社員教育に熱心な部門では、社外のフォーラムや勉強会にどんどん参加できる。資格の取得もサポートしてくれる。一方、そうではない部門は教育機会が皆無。同じ会社の社員なのに知識とスキルで差が開いていく。明らかに不公平だ。なぜ教育面で社内格差が生まれるのか。大きく3つの理由が考えられる。

（1）社員教育を部門予算だけで実施している。そのため、もうかっている部門（勝ち部署）ともうかっていない部門（負け部署）で差が出る。

（2）部長の考えで教育する／しないが決まる。教育熱心ではない部長の下では機会が与えられない。

（3）無駄な仕事が多い。そのため教育を受ける時間が取れない。無駄が多ければ部門の利益を生み出せず、教育に回す余力がなくなる。

それでも自分磨きに熱心な社員は言い訳をしない。自助努力と自己負担でスキル獲得や向上に励む。しかし、それにも限界がある。ITの資格取得やスキル獲得にかかる費用は、（ものにもよるが）決して安くない。10万円単位のコストがかかるものもある。技術カンファレンスやセミナー、フォーラムなどは費用の問題もあるが、日中や定時後に開催されるものが多い。会社の支援がなかったり、残業が常態化したりしているIT職場では、自助努力だけではいかんともしがたい。

「だったら、転職しようかな」

　「このままではエンジニアとして成長できない。教育に投資してくれる会社か、せめて定時後の勉強会くらい参加できる職場に移りたい」。向上心がある人ほどそう考えるようになる。勝ち部署に配属された同期入社のエンジニアは、めきめきと力をつけてきている。技術も知識も資格も身につけ、成果を上げている。雑務に追われてろくな教育も受けられない社員とは待遇が大違いだ。

　「だったらウチの部署に来たら？　異動希望を出してみなよ」。同期のエンジニアはさらりと言う。最近は社内のフリーエージェント制度のようなものを取り入れている会社がある。条件さえ合えば、希望の部署に異動できることもある。

　しかし、希望する部署に空きがあるとは限らない。仮に異動できたとしても、元の部署の人たちとの人間関係がギクシャクすることもある。社内だけに気を使う。「だったら、転職しようかな」。こうして社員の関心は、外に向いていく。

　無駄な雑務や残業がなく定時後の社外勉強会やミートアップに参加できたり、社員の育成に積極的に投資したりしているスタートアップやベンチャー企業が増えてきた。転職で年収が上がる可能性さえある。人間関係のしがら

みも気にしなくていい。どうせリスクを冒してチャレンジするなら、社内の異動よりも転職を選んでしまう。

最低限の教育機会は公平に用意せよ

そもそも、配属された部署によって教育機会に不均衡があるのはいかがなものか。社員教育は人事部門が予算枠を確保して、全社員に公平に機会を提供してほしいものだ。そうでないと「勝ち部署」と「負け部署」で、あるいは部長の意向次第で教育機会に差が出てきて当然。社内格差はどんどん広がる。

もちろん、稼ぎのある部門はプラスアルファで研修を受けたり、必要な書籍を購入したりするのは悪いことではない。どんどん社員に還元してもらいたい。しかし、エンジニアとしての最低限の教育機会や、熱意ある社員の興味・関心に応じたサポートは、人事部門がしっかりと提供すべきである。教育の社内格差を放っておくのは、組織としてあまりに無責任だ。

とはいえ、人事部門にすべてお任せでは、これまたうまくいかない。本来、部下の育成はミドルマネジメントの最も重要な仕事である。人事部門が各部門の細かなニーズに合った教育機会まで提供できるとは限らない。組織が大きくなればなるほど、個別ニーズを把握しきれなくなる。現場（IT職場）の部長や課長、すなわちミドルマネジメントが育成要件を定義し、そのうえで人事部門に支援してもらいながら、主体的に予算と時間を取って社員に教育機会を提供する。そうした教育の余力を生むためにも、IT職場の管理職は業務改善を率先して進めたいものだ。

IT企業の中には協力会社や派遣社員にも教育機会を提供しているところがある。彼ら／彼女たちの仕事に対するエンゲージメント（帰属意識）は当然のように高まる。エンジニアにとって、育成されない、すなわち自分がアップデートされない状況は致命的である。自助努力も大切だが、すべて本人の気合いと根性任せでは成長に限界がある。何より組織へのエンゲージメント

は確実に下がる。部門の景気任せや部長の気分任せにはせず、計画的に人材育成が実施される仕組みを真剣に考えよう。社員が転職してしまってからでは遅い。

ダメ職場の問題構造 23

　研修を受けられない「負け組」など、教育機会に社内格差のあるIT職場に良い人材は集まらない。その問題構造はこうだ（**図表9-2**）。

　社内格差があるIT職場は、社員教育が部門予算だけで実施されていたり、教育の有無が部門長の意向に左右されたりする（両方の場合もある）。前者の場合、もうかっていない「負け部門」は無駄な仕事が多く残業だらけとな

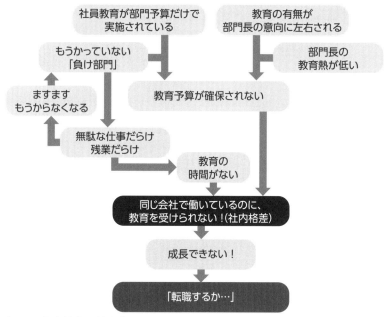

図表9-2　教育機会に社内格差があるIT職場の問題構造
（出所：あまねキャリア工房）

り、教育の時間はなくなり、教育を受けられなくなる。後者の場合、部門長の教育熱が低いと教育予算が確保されず、これまた教育を受けられなくなる。

社員は「成長できない」と感じ、「転職」を考え始める。こんなIT職場に優秀なエンジニアはやって来ない。

9-3 対策 スキルマップを作成して計画的に育成

　学習機会や成長機会の有無は、IT職場の組織力および価値を高めるとともに、優秀なITエンジニアの獲得や維持にもプラスに働く。とはいえ、企業規模が大きければ大きいほど、人事部門がIT職場個別の事情を考慮した研修や人材育成サポートプログラムをきめ細やかに提供してくれるとは限らない。ましてや、人事機能が不在になりがちのSES企業においてはなおのこと、研修や育成は行われにくい。

　その結果、ITエンジニアの育成は「OJT」の名の下で、経験した案件任せ、あるいは自助努力任せになりがちだ。組織の成長が、いわば偶発的かつ個人のボランティア精神に依存してしまう。人事部門任せではうまくいかないとか、そもそも人事機能すらないなら、現場（IT職場）が主体的に育成要件を定義し、計画的に育成を行うしかない。具体的な方法を3つ紹介しよう。

方法1　スキルマップを作成する

　IT職場において、どんなスキル／知識／経験が必要とされるのかを言語化することだ。組織によって、求められるスキルも知識も経験も異なるのは当然。なぜなら、置かれている環境も、経営や顧客から求められる期待も異なるからだ。育成がうまく機能していない組織には、スキルマップの作成を推奨する。

　Excelシートでいいので、縦軸には組織に求められるスキル／知識／経験を箇条書きにし、横軸には組織のメンバー（含：派遣社員、協力会社スタッフ）の名前を書き出す。次に、メンバーごとのスキル／知識／経験の習得状況と習得（および向上）の必要性の有無を、○△×などの記号、あるいは1、2、3、4などのスコアで明記する。これがスキルマップになる（**図表9-3**）。

必要スキル (スキル／知識／ 技術／経験)		必要性と現有状態 ◎：必要かつ十分なスキルを有する（強化不要） ○：必要かつそこそこのスキルを有する（要強化） △：必要だがスキル未習得（要強化） ―：不要				
		Aさん	Bさん	Cさん	Dさん	Eさん
汎用スキル	会計の知識	◎	○	―	―	―
	Excel のスキル	○	◎	―	―	―
	接客の経験	○	○	○	○	○
	英語接客能力	―	―	△	○	◎
	…………	△	△	△		
特殊スキル	ハンバーガーショップ 勤務経験	◎	◎	○	△	△
	調理師免許	―	―	―	○	◎
	食材管理の経験	○	○	◎	―	―
	…………	△	△	△	△	△

図表9-3　スキルマップのイメージ
（出所：『業務デザインの発想法』沢渡あまね著、技術評論社）

　こうして出来上がったスキルマップを基に、「このスキル（知識、経験）は
OJTで習得する」「研修や外部セミナーを受講して習得する」「読書で補う」「人
事部門に依頼して、資格取得の支援をしてもらう」「AさんBさんとのペアで
仕事をすることで、引き継いでもらう」など具体的なアクションを計画し実
行するとよい。

　スキルマップを作成するメリットは5つある。

（1）自組織(IT職場)に求められるスキル／知識／経験を振り返り、（再）定
　　義できる
（2）スキル／知識／経験の現有状況を可視化できる
（3）足りないスキル／知識／経験を補うための計画策定と実施を支援する
（4）「この組織で働くうえで、どんなスキル／知識／経験を習得すればよい
　　のか」が明確になる

（5）「この組織でどんなスキル／知識／経験を習得できるのか」が明確になる

　（4）（5）は人材採用時に有効である。その組織で何が求められるのか、あるいはどんなスキル／知識／経験が得られるのかを明確にすることで、その要件にマッチする人を採用しやすくなる。採用候補者や異動希望者が、「この組織で1年後、2年後、3年後、自分がどうなるのか」と、近未来を想像しやすくなる。また、日ごろ何に関心を持って、何を学習すればよいのか「日常生活の歩き方」「アンテナの立て方」も明確になり学習の目標設定がしやすくなる。

方法2　チャレンジの機会を設ける

　日々のルーチン業務をさばいているだけでは、組織も個人も成長しない。何か新しいことにチャレンジする機会や時間、R&Dのための時間を作ろう。チャレンジ機会や成長機会は、意欲あるITエンジニアのエンゲージメント向上とIT職場の価値向上に間違いなくつながる。忙しい職場であっても、例えば「週1時間」とか「稼働時間の10%」など、具体的に目標設定をして新たなことにチャレンジする時間を確保しよう。まずは、その時間を確保するために業務改善や効率化に取り組む。そこから始めてみるのも良いかもしれない。その改善体験も、間違いなく個人と組織の貴重なスキル・ノウハウになる。

方法3　プロジェクトの振り返りとノウハウ化も大事

　そうはいっても、目先の仕事とトラブル対応で限界に達しているIT職場では、育成の機会を設けるのは難しいかもしれない。そうした職場では、プロジェクトの「振り返り」をしてみてはどうか。PMBOKガイドなどのプロジェクトマネジメントのフレームワークでは、「プロジェクトの終結」プロセスが提唱されている。振り返りは、経験を知識化、ノウハウ化する絶好のチャンスである。

　日本人は物事をきちんと「始める」のは得意だが、きちんと「終える」のは

苦手だと言われている。こうした国民性に流されず、しっかりとプロジェクトを振り返ってキレイに終わらせる習慣をつけよう。

「このプロジェクトを通じて、組織として何を学んだか」「個人として何を学び、どう成長したか」「次のプロジェクトへの申し送り事項は何か」。こんなことを振り返るだけでも、組織にノウハウを残すことができ、経験から学ぶ習慣も生まれる。

可能であれば、プロジェクトのキックオフ時に「組織として、また個人として、このプロジェクトから何を学ぶか。どう成長したいか」を決意表明するとよい。意志を持ってプロジェクトを経験するのと、何となく時間を過ごすのとでは、学習効果が全く異なる。プロジェクトだけではなく、システム運用のような定常業務でも、例えば1年に1回は振り返りのタイミングを設けるだけでも、学びの質と量に差が生まれるのは間違いない。

Appendix

1

運用軽視に未来はない

A1-1　大切なシステム運用業務を軽視するIT職場

　今や私たちの生活やビジネスは、ITなしには成り立たなくなっている。そのインフラを支えているのが、IT職場で働く運用や保守の担当者たちである（以下、「運用」で総称する）。

仕事ぶりが評価されない運用部隊

　運用で問題が起きると、利用者にダイレクトな影響を及ぼす。空港でチケット発券システムが止まれば、飛行機が欠航になるのは象徴的な例だ。公共や金融のシステムも同じである。小さなシステムでも動かなくなると、生活や仕事に支障を来す。会社のメールサーバーが止まれば、社員は途端に「仕事にならないよ」「早く復旧させろ」と不満を言い出す。

　裏を返せば、運用の担当者はそれほどの重責を担っているのである。しかも止められないシステムは24時間365日、誰かがケアし続けなければならない。本当に大変な仕事だ。にもかかわらず、悲しいかな、運用の仕事や担当者には光がほとんど当たらない。システムは使えて当たり前。止まらなくて当たり前。当たり前のこと（そう思われていること）を、当たり前にこなさなければならない。

　それでいて、なかなか仕事ぶりが評価されない。しかもシステム障害が起きると、みんなから不平・不満の集中砲火を浴びる。なぜこんなことが起きるのか。元をたどれば、次の3つに行き着く。

・運用のしやすさを考慮していないシステムが次々とリリースされる
・運用業務に適切な予算と人員を付けていない

・それどころか、平気で「人を減らせ」と要求される

　運用部隊のモチベーションをどんどん下げることばかりだ。世の中の便利な仕組みを下支えしている運用の人たちのやる気をそぐようなIT職場は、早急に改善しなければならない。そうしなければ、誰も報われず、運用の仕事をする人がいなくなる。人も集まらなくなる。優秀なエンジニアが1人また1人、運用現場を去っていく。

　例えば、2018年にはインターネットで使われる電子証明書の期限切れによる通信障害が立て続けに起きた。電子証明書をはじめとするソフトや通信機器の管理および更新作業は、運用そのものだ。ところが、あれだけ大規模な障害が起きたにもかかわらず、いまだに運用の価値は正しく理解されない。運用を「コスト扱い」することをやめない、IT職場の上司が存在する。私に言わせれば、ITで価値やサービスを提供している組織の長として失格である。

問題の先送り体質が主たる原因

　運用を軽視する姿勢は、ものづくり至上主義や開発至上主義のIT職場にはっきり表れる。システムが稼働した後の運用のことなど、ろくに考えようとしない。「とりあえず、開発してしまおう」「問題は起こってから（対策を）考えればいい」。こうした発想が、開発担当者の頭のどこかに存在しているのだ。「私の仕事は作ること、運用は別な人の仕事」という意識が強く、運用に対する当事者意識が極めて薄い。

　それならば、せめて運用の責任者だけでも開発工程から参画できれば、少しは状況がましになるのではないかと思うかもしれない。だが現実には、そうならない。正確に言うと「そうしようとしない」。なぜなら、開発からすると、運用の人たちは進行を「邪魔」する存在に映るからだ。煙たがる傾向にある。

さらにひどいのは、開発が「後は運用でカバーして」の一言で、稼働後の問題解決を丸投げしてくるパターンだ。問題の先送り体質が、身に染み付いてしまっている。それでも今までは運用の頑張りで、何とかなってきた。そのゆがんだ成功体験がますます、「とりあえず、開発すればいい」という勘違いに拍車をかけている。

　だがこれからは、「何とかならない」のが確実だ。これまでは、目立たない運用現場の担当者のボランティアとサービス残業で、「何とかしてきた」だけのこと。ブラック職場と言われても仕方がない現場の状況を、みんなが見て見ぬ振りをして（あるいはそうした実態に気付きもせず）依存してきただけの話だ。ところが少子高齢化による労働力不足が顕在化してきた今の時代。仕事の頑張りを正しく評価されない職場から、人は離れていく。今まではまかり通っていた問題の先送り体質が、いつまで持つことやら。私は（自分自身が運用の仕事をしていたこともあるので余計に）心配でならない。

過度な成果主義は組織をゆがめる

　運用のように、そもそも周りからは見えにくい仕事に目を向けようとしない組織体質はなぜ生まれるのか。原因の1つは行き過ぎた成果主義にあると、私は考えている。繰り返すが、運用は「動いて当たり前。止まると怒鳴られる」というつらい立場に置かれている。評価する側にプラス要因は伝わらず、逆にマイナス要因は大問題として報告される。これでは運用が正当な評価を受けられなくて当然だ。

　たまに、運用の見えない努力をちゃんと認めようとする人がいる。だがそんな人は逆に「奇特なやつ」と思われることさえある。要は、邪魔者扱いされるのだ。目に見える成果物を開発した組織にばかり光が当たり、舞台裏は全く注目されない。評価されない。組織とは時に、残酷なものだ。

　そもそも常に「当たり前」を求められる運用を成果で評価しようとするこ

と自体、間違っている。動かなくならないように日々実行している業務のプロセスや目立たない頑張りをきちんと評価しないのは、会社としていかがなものか。これは経営の問題である。

　運用のような仕事や彼ら／彼女たちの改善努力は、直接利益を生んでいるようには見えない。だから評価されない。だが実際は、サービスを安定供給することで、会社の利益に大きく貢献しているのに。プロセスを評価しない行き過ぎた成果主義は、いずれ会社を根底から揺るがすことになる。運用する人がいなくなったら、会社はどうなるのか。真剣に考えてみてほしい。

安易な子会社化が受け身体質を生む

　ひところ、運用組織の子会社化あるいは別事業部化が流行した。運用のオペレーションコストの最適化をもくろんだものの、事はそう都合よく運ばなかった。組織を分けた途端に、他の部門との間には高い壁ができる。運用子会社（あるいは運用の事業部）は、親会社や開発部門から言われたことしかしなくなる。こうして運用はどんどん受け身なマインドセットになっていく。

　問題意識や改善意欲がある運用担当者が現場にいたとしても、そうした人ほど上司から目を付けられ、無慈悲にもこう言われる。「余計なことはするな」「言われたことだけ、やっておけ」。こうして社員のモチベーションは下がっていく。

　一方、親会社や開発部門は、運用をますます丸投げするようになる。しかも運用に対する「思いやり」がなくなる。組織間の壁はますます高くなる。最悪なのは、そんな状況にありながら、親会社は子会社の運用部隊に、運用の仕事単体で収益を上げるように要請してくることだ。むちゃな事業計画をぶち上げる。

　そんなことができるわけもなく、計画はたちまち絵に描いた餅になる。仕

方なく、運用子会社はコスト削減に走らざるを得なくなり、人手を減らす。絶望的だ。

運用部隊は自己肯定感が極めて低い

　もちろん、運用部隊にも非がある。まず、自己肯定感が極めて低い。背景には、組織体質や企業カルチャーがあることは確かなのだが、それにしても自己肯定感が低過ぎる。もっと自分の仕事に誇りを持ってほしい。特に、運用子会社の社長や部門長、マネジャーが、親会社や開発部隊、あるいは顧客に対して控えめ過ぎる。自分たちの仕事の価値をきちんと言語化し、正当にアピールする努力が圧倒的に足りない。リーダー失格だ。

　周りから見えにくい仕事であればあるほど、自分たちから声を発していかなければ、何も伝わらない。そして、他の組織から（悪気はなくても）無視される。残念ながら、人とはそういうものだ。

　この状況を放っておくと、運用現場から社員が消えていく。ITベンダーなどのビジネスパートナーも寄り付かなくなる。そして顧客がいなくなる。誰も幸せにならない。運用現場からの優秀な人材の流出は、加速度的に進んでいる。

経営、営業、開発、顧客、そして運用に物申す

　どうすればよいのか。経営者や営業部門、開発部門、顧客（企業も個人も）、そして当事者である運用部隊自身に対して、私から物申したい。

（1）経営に物申す

　運用の声を、経営者自身が自ら聞きに行く機会を作る。現場の叫びに耳を傾け、価値を正当に認めてほしい。運用組織の成長に欠かせない環境や体制の整備への投資を認め、実行を決断する。評価制度も見直し、「当たり前」を守る仕事がいかに大変か、その苦しい仕事が評価されるように仕組みを変

える。それは運用だけでなく、成果は見えにくいが重要な仕事を担う人たちのモチベーションとエンゲージメントを高めることになる。

　運用子会社の人を親会社に逆出向させたり、システム子会社を親会社に戻して吸収したりする動きが目立ち始めたのはいいことだ。システムの安定稼働の重要性にいち早く気付いた会社ほど、優秀な運用人材の流出を防ぐため、仕組みの変更を断行している。それができるのは経営者だけだ。運用子会社化の解消も、今後は有効な策の1つになるだろう。開発と運用を分けない新たなビジネスモデルへのシフトも、選択として考えてほしい。

（2）営業に物申す

　運用が顧客に提供する価値を営業が正しく認識し、客先できちんと伝えてほしい。運用が顧客のビジネス価値の維持・向上につながっていることをストーリーで説明できる営業担当者は間違いなく、中期視点での価値を生む。

（3）開発に物申す

　開発は、運用フェーズの視点を含めて、システム全体を考えてほしい。ITサービスは使われてなんぼ。運用を考慮したシステムは、サービスの価値向上に直結する。システムを作るだけの開発担当者がゴマンといるのは悲しいけれど、それが現実だ。運用の観点がある開発担当者は、それだけで重宝される。運用と互いに声を掛け合えば、より良いITサービスを共に生み出していける確率は飛躍的に高まる。

（4）顧客に物申す

　運用がモチベーションとパフォーマンスを下げて困るのは、顧客自身である。周囲のまやかしに惑わされず、顧客自身で運用の価値と仕事を評価してほしい。顧客企業の場合、運用相手にむちゃなコスト削減要求をしても、最終的には自分で自分の首を絞めることになると認識しよう。

（5）運用に物申す

　運用部隊は、自分たちが何をしているのか、どんな価値を生み出しているのか、業務内容とその価値を、誰にでも分かる言葉にして、積極的に発信していこう。そこで遠慮していては、文句は言えない。価値を伝えられないと、必要な協力は得られない。運用メンバーの育成もできず、対応が常に場当たり的になる。人材のロールモデルも生み出せない。

運用の責任者は、社内プレゼンスを上げる努力を

　運用の社内PRは、とても大切だ。何も派手に宣伝する必要はない。社内報で取り上げてもらうなど、身近なところから運用の認知度を高め、社内のプレゼンスを上げる。過度に自分自身を卑下することは結局、仕事の価値そのものを低くしてしまう。それはもったいないことだ。

　周囲には見えにくい地道な努力にも光が当たるように、まずは自分自身で仕事を評価し、アピールする。これはマネジメントの本質であり、組織のリーダーが持つべき「徳」である。運用の責任者は肝に銘じておこう。見えない働きや努力をきちんと評価してくれる会社や組織に、社員は心理的な安全性を感じて、帰属意識を高めてくれる。エンゲージメントはこうして醸成される。優秀な人材の流出を食い止める方法は、お金だけとは限らない。

運用ダメ職場の問題構造　1

　大切なシステム運用業務を軽視するIT職場には、優秀なエンジニアは集まらない。その問題構造はこうだ（**図表A1-1**）。

　運用を子会社や別事業部任せにしていると、組織間の高い壁ができ、丸投げと受け身体質を醸成する。運用単体で収益を上げようとすると、むちゃな事業計画となる。開発部隊が「とりあえず開発すればいい」と考えれば、「何かが起こってから考えればいい」となってしまう。これらはすべて、運用を正しく評価せず、コスト扱いすることにつながる。

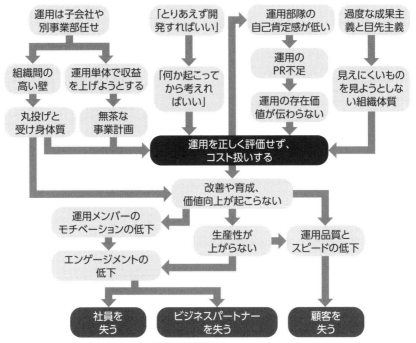

図表A1-1 運用を軽視するIT職場の問題構造
（出所：あまねキャリア工房）

　そうなってしまうと、改善や育成、価値向上が起こらず、運用メンバーの
モチベーション低下、エンゲージメントの低下となり、社員やビジネスパー
トナーを失うことになる。また、生産性や運用品質の低下なども起き、顧客
も失ってしまう。そんなIT職場に優秀なエンジニアはやって来ない。

「現行通りでお願い」を受けてしまうIT職場

「新システム？　現行通りの仕様で作ってくれればいいよ」
「その"現行"が分からないんですけれど……」
「………」

　禅問答のようなこのむなしいやりとりを、私は様々なIT職場で見聞きしている。「現行通りでお願い」——悪気なく発せられるこのフレーズ。「あ、現行通りでいいんですね。ならば楽だ！」と喜んではいられない。IT職場を混乱に陥れる「悪魔のフレーズ」なのだ。

「現行でお願い」
「現行が分からん」
「設計書が欲しい」
「設計書が見当たらん」
「相談しよう」
「そうしよう」
　　……
「決まらん！」

　はないちもんめさながらの会話が今日もどこかのIT職場で繰り広げられている。なぜ、こんな始末になってしまうのだろうか。主立った原因を見てみよう。

原因1　要件定義書や設計書が無い／アップデートされない

　ドキュメントを残さない、要件定義書も設計書も作っていない、文書化された業務フローもシステムフローも無い。あったとしても、抜け漏れだらけ、

不備だらけ。あるいは変更箇所がアップデートされていない。もともとドキュメントを作らない文化なのか、あるいはむちゃな要求や納期に追われてドキュメントの作成やアップデートを後回しにしてそのままになったのか、はたまたエンジニアにドキュメント作成能力や文章能力が無いのか。残されているのは、口頭で語り継がれた要件や注意事項のみ。それとて網羅性に欠ける。まるで口伝の民話のごときである。苦労するのは後任の担当者だけではない。顧客あるいは利用者にも迷惑をかける。

　このドキュメント不在問題は、ウオーターフォール型の開発・運用の現場のみならず、アジャイル開発の現場でも散見されるから厄介だ。アジャイル開発は、ドキュメントを残さず手早くITサービスを開発してリリースすることだと勘違いする人たちもいるようで、なかなか悩ましい。アジャイルとは変化に迅速に対応しやすい開発手法であり、雑に物事を進める手法ではない。

原因2　フレームワーク不在で開発手法がバラバラ

　ITシステムを構築する共通のフレームワークが無い。その結果、開発手法もコーディングのルールもバラバラ。担当者の独自のやり方や趣味趣向でシステムが出来上がる（何て自由な世界だろう！）。マルチベンダーな開発・運用体制だともう目も当てられない。担当するベンダーによって、やり方が見事に異なるからだ。引き継ぎを受けた他のベンダーはたまったものではない。当然、保守・運用のコストが上がるし、担当者は無駄なストレスにさいなまれる。

原因3　有識者不在／知識を属人化させて共有しようとしない

　原因1と2にさらにダメ押しがある。口伝文化であっても、共通のフレームワークが無くても、有識者がいれば何とかなる。しかしながら往々にして、歴史を知る有識者は既に退職済み。こうなると迷宮入りだ。有識者がいても、知識を共有しようとしないケースもある。あるいは言語化能力に乏しくて第三者に伝えることができない。なかには「頭が高い。私の教えを乞いたければ……」のようにマウンティングするベテランもいるから厄介だ。もはや組織の害悪である。

無駄に高いサービスレベルを前例踏襲

　要件定義書も設計書もある。正しくアップデートされている。そんなケースであっても、「現行通り」となった場合は安心できない。「前例踏襲」の名の下に、それがそのまま新しいシステムにコピー・アンド・ペースト（コピペ）されるとどうなるか。無駄に高いサービスレベルや可用性目標がそのまま設定されることがある。

　設定というと聞こえはいいが、実態は何も考えずにコピペされただけ。私にも経験がある。何も考えずに「可用性目標 99.98％」が引き継がれたシステム。ある日、可用性目標の停止時間よりわずかに長い（サービスレベルとしては下回る）システム停止が発生した。ユーザーへの影響は全く無かったにもかかわらず、対応と報告にサービスマネジャーも現場もてんやわんやになった。

　無駄に高い（誰も得しない、誰も気にしない）サービスレベルを引き継いでしまうと、無駄な対応作業や報告作業を生む。特に可用性のような非機能要件は、「お任せ」「前例踏襲」で非現実的なものが引き継がれることがある。要注意だ。

　こんなケースもある。設計書やソースをそのままコピペ。他システムとの無駄に複雑なインターフェースや過剰なチェック処理、イケていないコーディングによる重たい処理などがそのまま生き延びる。オンラインの挙動を遅くしたり、バッチ処理時間を遅延させたり、無駄なエラーを吐いて通知を送ったりして運用担当者の手を煩わせる。

現行整理や改善に投資して評価せよ

　これらの悲劇は、一言で表せば要件定義や開発時の「行き当たりばったり」「先送り」に起因する。とはいえ、既に生まれてしまったシステム。それを言っても後の祭りである。

　せめて、ドキュメントの（再）作成やアップデート、コードレビュー、リファクタリング（ソースコードの再整理）など現行整理や改善の活動に時間とお金を投資してほしい。心ある運用保守担当者は、自主的にそのような取り組みをするだろう。しかし、なかなか地道な活動である。日の目を見ず、評価されなければ続かない。あるいは一個人の活動で終わってしまう。担当者の善意に頼るのは組織としていかがなものか。

　開発や運用のフレームワークの導入も有効である。私は運用のやり方がバラバラで非効率だった現場を、ITILベースの運用に変えたことがある。1つのフレームワークに沿った運用をすることで、マルチベンダーでもコミュニケーションのロスが減った。変更やリリースの品質が向上した。後任を育成しやすくなった。

　他にもメリットはある。グローバルなフレームワークを採用することで、用語やツールを統一することができ欧米やインドなど海外拠点のエンジニアともやりとりしやすくなった。フレームワークをベースにした開発体制、運用体制を整えておくと、グローバル化やM＆Aなどによる変化に柔軟に対応しやすくなる。

　また、標準的なフレームワークを導入して定着させる経験や、フレームワークにのっとって仕事をする経験は間違いなくエンジニア本人の市場価値やemployability（雇われるチカラ）を高める。世の中、首尾よく働き方改革ブームである。例えば「働き方改革」の大義名分で、現行システムの整理や改善に時間とお金を投資してみてはいかがだろうか。

運用ダメ職場の問題構造　2

　「現行通りでお願い」を安易に受けてしまうIT職場の運用担当は苦労するのが見えている。その問題構造はこうだ（**図表A1-2**）。

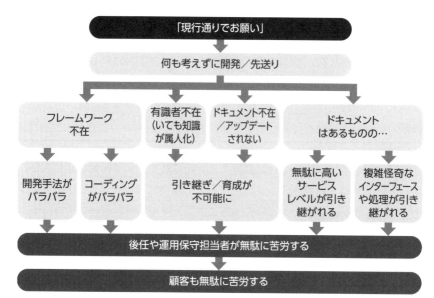

図表A1-2 「現行通りでお願い」の問題構造
（出所：あまねキャリア工房）

　更改するシステム仕様の既存機能は「現行通りでお願い」と言われ、それを安易に受けてしまうと、次のようなことが起こる。開発した際、フレームワークを活用していなければ、開発手法もコーティング作法もバラバラである。ドキュメントが不在、または、あってもアップデートされていなければ、現行システムを理解するのは難しい。いずれにしても、運用保守の担当者が苦労するのは間違いない。

　また、ドキュメントはあっても、現行システムの無駄に高いサービスレベルを引き継いだり、複雑怪奇なインターフェースや処理を引き継いだりすると、運用保守の担当者にとっていいことは1つもない。こんな職場に優秀なITエンジニアは来ない。

システムの「作り逃げ」を許すIT職場

　前任者、あるいは委託先が作った画面やシステムを変更・移行することになった場合、あまりにも個性あふれる作りで、しかもドキュメントが残されていなければ、どこからどう手をつけていいのか分からない。運用保守担当者は途方に暮れるだろう。これを「ITシステムの作り逃げ問題」と呼ぶ。闇の深い問題である。過去に「作り逃げ」されたシステムは、現在の担当者の時間とモチベーションを奪う。いわば「未来の時間泥棒」だ。

「作り逃げ」は「なんちゃってアジャイル」で多い

　私にも経験がある。以下のようなシステムを目にしてぼうぜんとしたことが。

・設計書が残されていない（あるいは更新されていない）
・コーディングが雑（あるいは個性的過ぎる）
・他システムとの依存関係が不明
・データを変更／抽出できない（本番環境のデータベースを直接触らなければならない）
・バッチなどの処理が煩雑
・ログを取得できない

　挙げれば切りがない。このように、後のことを考えずに構築されたシステムは本当に厄介だ。運用保守フェーズで担当者が大変に苦労する。例えるなら「洗い物を考慮せずに作られた自己流の料理」のようである。

「どや！ 腕によりをかけてごちそうを作ったぞ！」

「とてもおいしい！ 見た目も美しいし、素晴らしいね」
「……この大量の洗い物と生ごみはどうするのよ！」

　あくまで私の経験を基にした主観的な見解だが、「作り逃げ」は「なんちゃってアジャイル」（雑に手早く構築することがアジャイル開発だと勘違いしている）なベンダーやエンジニアに目立つ。彼ら／彼女たちには運用保守の観点がない。データベースやサーバー、ミドルウエア、ネットワークなどバックエンドやインフラの作りや動きを考慮しない。こうして、今日もはた迷惑な「作り逃げ」が悪気なく繰り返される。「バックエンドの経験がないから」「インフラはよく分からないから」では許されない。未来のエンジニアの時間とやる気を返せ！

個性的なコーディングがIT職場の属人化とマウンティングを生む
　問題はそれだけではない。「作り逃げ」されたシステムは、往々にして作りが個性的である。開発者が独自の「オレオレコード」でコーディングする。厄介にもその手の「オレオレエンジニア」は自分の仕事に過剰に誇りを持っている。

「オレが書いたコード、すごいだろ！」

　こうして後任のエンジニア、あるいはコードやアーキテクチャーをシンプルにしたい善意あるエンジニアの前に壁のように立ちはだかる。後任のエンジニアがそのシステムを変更したい場合、いちいちオレオレエンジニアに教えを請わなくてはならない。なぜなら、設計思想もノウハウもそのオレオレエンジニアの頭の中にしかないからだ。

　これまたハードルが高い。その手の輩はたいてい態度が悪い。無駄に相手をマウンティング（力を誇示して威圧）する。開き直る様子はお山の大将のごとし。正直、この手の人には話しかけたくない。後任エンジニアは無駄なストレスを抱える。オレオレエンジニアは物事を教えるのも不得手だ。こう

して知識の属人化が進み、職場のコミュニケーションやカルチャーもどんどん悪くなる。

「これ、1カ月で書いたんだぜ。どや！」

　オレオレエンジニアが威張り散らす。いやいや、そこはエンジニアとして威張るところではない。引き継げない、運用できない、変更できないシステムを作るエンジニアは山から下りていただくべきである。

顧客とベンダーのどちらも悪い
　「作り逃げ」問題はなかなかなくならない。「作り逃げ」が発生する原因はずばり、当事者が近視眼的だからである。

・納期ありき
・目先のコスト削減に走る
・リリースがゴールになりがち

　こんな具合にその後の運用保守フェーズを考慮しない。変更を想定しない。これは作り手（ベンダー）と顧客（ユーザー企業のシステム主管部門や情報システム部門など）の双方に非がある。

IT職場の組織体制や人事評価制度にも問題
　購買部門や経営管理部門など、コストを評価する部門が近視眼的であるのも問題だ。

・開発と運用保守部隊を分断している（別会社として切り出すことも）
・運用保守の視点がないベンダーを開発に起用する
・リリース時点で、納期とコストを守った人を高く評価する（運用性・保守性は評価対象にしない）

開発時に発生する目先のキャッシュアウトしか評価しない。開発コストを削れば削るほどベンダーは「やっつけ仕事」になる。

・何も考えずにコードをコピー＆ペースト
・何も考えずに設計書を流用
・ドキュメントが残されない
・引き継ぎや運用保守も考慮されない

　そのしわ寄せはすべて未来にいく。運用保守ベンダーのエンジニアの工数に跳ね返る。顧客サイドの内部コスト（ベンダーとのコミュニケーションコストなど）も上がる。「え、運用保守コストも価格交渉して下げればいいって？」。冗談だろう。この手の購買部門や経営管理部門にこう言いたい。「あなたたちの存在の方がコストです！」。

　近視眼的な購買部門や経営管理部門にものを言えない情報システム部門も悪い。長い目で見たメリットやコストをきちんと説明し、運用保守など、開発時には見えにくい地道な業務や作業の重要性や妥当性を評価する。そこに投資する。そのような行動をしている情報システム部門がどれだけあるだろうか。悩み苦しんでいる運用保守ベンダーや担当者を守れる情報システム部門がどれだけあるだろうか。

　腰抜けな姿勢では、いつまでたっても情報システム部門の社内プレゼンスは上がらない。ろくに予算を付けてもらえない。経営やコスト削減部門が図に乗って、どんどんITをコストと見なすようになる。ITがプロフィットを生むデジタルトランスフォーメーション（DX）など夢物語である。

「システム、できました！」で評価をするのをいいかげんやめよう

　いいかげん、システムのリリース時点でプロジェクトマネジャーやエンジニア、およびベンダーを評価するやり方を改めよう。リリース時点では未来

の影響など分からない？ そんなことを言っているから、いつまでたっても未来の時間泥棒がのさばるのだ。

・運用保守を考慮した開発フレームワークに従ってシステム構築する
・各種ドキュメントを残す
・有識者がコードレビューをして運用性・保守性を評価する

　このように、リリース時点（あるいは構築時点）で未来の時間泥棒を減らす、あるいは未来の時間泥棒を現行犯逮捕する（評価を下げる）方法はいくらでもある。本人のため、周囲のためだ。さらには数十年先のエンジニアの時間やモチベーションを奪わずに済む。

　開発時の仕事の進め方や、評価の仕組みに「ITIL」の要素を盛り込むのもよい。ITILはITサービスマネジメントの成功事例を体系化した、英国生まれのガイドラインである。いまや世界中の企業・自治体・官公庁などのIT組織で活用されている。運用のためのフレームワークと思われがちなきらいがあるが、開発品質の向上にも十分効果がある。

　ITILを参考にして、例えば「変更管理」「リリース管理」「構成管理」「ナレッジ管理」の要素やノウハウを取り入れ、将来の変更やリリースのしやすさ、システム間の連携や構成要素の把握のしやすさ、開発・運用・保守それぞれの部門間（あるいはベンダー間）のノウハウ共有などをプロジェクトやエンジニアの評価基準に組み込んでほしい。

運用責任者が承認して初めて次の工程に進める現場も

　運用の専門家も、いわゆる開発工程（要件定義、設計、製造など）から参画させてほしい。私がかつて付き合いのあった欧米企業の情報システム部門は、いずれもITサービスマネジャー（運用責任者）が開発フェーズから参画していた。ITサービスマネジャーが承認して初めて次の工程に進めるというルー

ルを徹底していた。日本企業のシステム開発の現場もそうあるべきであろう。運用保守のノウハウは間違いなく、次のシステムをより良くする源泉になる。権限あるITサービスマネジャーの存在は運用保守担当者のロールモデルにもなる。IT職場全体のモチベーションアップに寄与する。

　世の中「働き方改革」が盛んである。しかしながらいまだに時間削減、コスト削減、さらには雑な仕事を許容する動きだけが正当化されているように思える。「作り逃げ」のような愚行をなくし、未来のエンジニアが無駄な時間もストレスも使わずに健全に仕事ができるようにする。それこそが、IT職場の働き方改革ではないか。

　「作り逃げ」されたシステムの問題は、リリース当初にはなかなか見えて来ない。変更や移行など、何らかの変化が生じる段階で初めて顕在化する。往々にして、開発したベンダーと運用保守をするベンダーは異なる。これまた「作り逃げ」が横行する原因になる。これらの影響は、開発時にはなかなか見えない。目に見える目先の成果を評価するだけなら誰でもできる。見えない物事や、将来の影響を評価するのがマネジメントである。あなたのIT職場のマネジメントの本質が問われている。

運用ダメ職場の問題構造 ③

　システムの「作り逃げ」を許すIT職場の運用担当は苦労するのが見えている。その問題構造はこうだ（**図表A1-3**）。

　「作り逃げ」になる背景には、もの言わぬ情シス部門や近視眼的な経営／コスト管理部門の存在がある。納期ありき・コスト削減ありきのシステム開発の文化を覆すことができない。運用・保守の観点がないので、納期やコストの圧力を受け、「作り逃げ」をまん延させる。

　「作り逃げ」システムには、個性的な「オレオレコード」があり、それは属

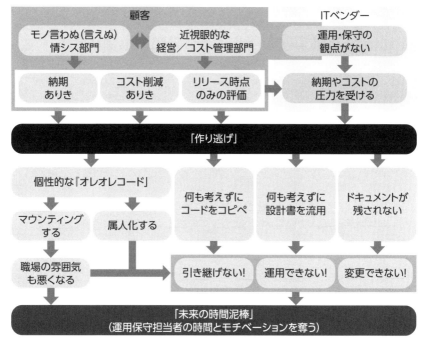

図表A1-3　システムの「作り逃げ」の問題構造
（出所：あまねキャリア工房）

人化したものなので、引き継ぐことすら難しい。何も考えずにコピペしたコードもあれば、何も考えずに流用した設計書もあり、ドキュメントも残されていなければ、引き継ぎも変更もできず、そもそも安定運用すら難しい。それは、運用保守担当者の時間とモチベーションを奪うことになる。つまり、「作り逃げ」とは、「未来の時間泥棒」である。こんな職場に優秀なITエンジニアが集まってくることはない。

A1-4 対策 運用業務を可視化し「景色」を合わせる

　近視眼的、運用軽視な組織運営は大いに問題だ。そこで働くITエンジニアのモチベーションを下げるのはもちろん、中長期的な観点で必要な足元の整備をおざなりにし、組織の変化や発展の足を引っ張るからだ。例えば、このコロナ禍においても、普段からITに正しく投資をし、ネットワークエンジニアなどITインフラを維持運用する人たちを正しく確保して評価している組織は、比較的スムーズにリモートワーク体制に移行し業務継続できている。一方で運用を軽視してきた組織は……お察しの通りである。

　さらに悪いことに、このような運用軽視型、エンジニア冷遇型の組織のトップは、ともすればITインフラ整備や維持がグダグダな状況を、ITエンジニア個人の責任に帰そうとさえする。そして、今日もこう嘆くのだ。

「いいITエンジニアが集まらない」
「当社はITエンジニアが定着しない」

　いえいえ。それはマネジメントの責任である。とはいえ、ITシステムの運用維持業務はなかなか経営層からも、顧客からも見えにくく評価されにくいもの。ではどうすればよいか？

ITLを使うのも一つの方法

　現場から経営層や顧客に寄り添う。具体的には、日々どのような運用維持業務が発生していて、やらないと（あるいは雑にやると）誰がどのように困るのかを可視化する。すなわち、現場発の運用業務の可視化をするとよい。

　私はITILをベースに業務とプロセスを整備したことがある。ITILはITサービスマネジメントのデファクトスタンダードであり、世界中のIT運用維持業務のノウハウも凝縮されている。それだけに、正しく使えば、経営層や顧客に受け入れられやすい汎用的かつ標準的なフレームワークになる。以下では、ITILを使った方法を示すが、ITILでしかできないわけではなく、一つの例として見てほしい。

　ITILが定義する20以上の管理項目をすべて網羅するとなると途方にくれる。ここでは、「運用軽視」「エンジニア冷遇」な状況を打開すべく、重要度の高い3つの取り組みを紹介する。

（1）業務一覧を作成する（サービスカタログ管理）

　そもそも運用・維持の名の下に、日々どのような作業が発生しているのか（運用軽視、（インフラ）エンジニア軽視の組織には、「運用・維持」なる発想すらないことも珍しくない）、それをまず一覧にする。「運用業務一覧」「運用作業カタログ」など、名前は何でも構わないし、Excelの表で結構。以下は、運用業務の例である（出典：「運用☆ちゃんと学ぶシステム運用の基本」（シーアンドアール研究所　沢渡あまね／湊川あい著））。

運用業務の例
■監視
死活監視
性能監視
セキュリティー監視

■メンテナンス
パッチ適用
バージョンアップ作業
証明書更新

ジョブ登録／実行
セキュリティー対策
データガベージ
アクセス制御
テスト環境の構築／維持
各種設定変更
機器メンテナンス（ディスク交換、メモリ増強、ネットワーク機器交換）

■バックアップ／ログ管理
データバックアップ／テープ交換
媒体保管
ログ取得
ログローテーション
ログデータの圧縮／保管
監査対応／モニタリング

■報告
定例報告
臨時報告（トラブル報告など）

■ITIL(R)に沿ったサービスマネジメント業務
インシデント管理
問題管理
変更管理／リリース管理
イベント管理
構成管理
ナレッジ管理
情報セキュリティー管理
サービスレベル管理

可用性管理／キャパシティ管理
サービス報告
ほか

■運用ドキュメント管理
作業手順書の最新化
各種運用ドキュメントの改廃

■ベンダー対応
エスカレーションや問い合わせ
製品情報収集

■改善活動
運用ツール作成
効率化検討
自動化検討

■新技術の調査・検証・技術向上

　加えて、これらの運用・維持業務をやらないと、経営（あるいは顧客の業務）にどのような影響があるのかも説明しよう。一般的に、経営や顧客とIT職場の距離は遠く、ITインフラ維持運用の仕事がどのように経営や顧客のビジネスに影響するのかは、見えにくいもの。それが運用軽視を生んでしまっている。自分たち（IT職場）を守るためにも、現場から見える化して景色合わせをしよう。ITILでは、運用・維持などITサービスマネジメント業務を一覧化して管理する取り組みを「サービスカタログ管理」と呼んでいる。

（2）構成情報を整理する（構成管理）
　ITサービスはどのような要素で構成されているのかも見える化する。構成

要素がブラックボックスな状態では、システムトラブルが発生した時の対応や影響範囲の調査（リアクティブなマネジメント）、トラブルを発生させないための影響調査・事前の対策（プロアクティブなマネジメント）をしにくくなる。また、業務拡大による増員や顧客増に伴うシステム増強など変化にも迅速に対応できなくなる（ITILの言葉で説明するならば、「変更管理」不能な状態）。具体的には、サーバー一覧、ミドルウエア一覧、ネットワーク機器一覧、ライセンス一覧、サーバー構成図、ネットワーク構成図などを作成しアップデートする。ITILでは、ITサービスの構成要素を一覧化して管理する取り組みを「構成管理」と呼んでいる。

（3）障害対応などの発生状況と稼働を可視化

ITインフラ担当者は、日々顧客やユーザーからの様々な問い合わせ対応、調査対応、さらにはシステム障害などのトラブル対応でてんやわんやしている。ともすれば、これらの業務は「雑多な業務」、すなわち雑務扱いにされてしまいがちだ。その結果、適切に予算や時間や人が確保されず、1人のIT担当者に押し付けられたり、あるいは片手間でやる羽目になったり、次から次に飛び込んで来たりする。それをさばくだけでも大変なのに、さらに経営者や顧客や営業担当者からはダメ押しの一言を浴びせられる。

「何でそんなに時間がかかっているの？　そういえば、昨日お願いしたあの仕事の進捗はどうなった？　え、まだ手をつけていない！？」

大変な割に報われない。システム障害などは100%他責、あるいは前任者がドキュメントも残さず雑に作り逃げしたせいで発生しているにもかかわらず、その泥を一手にかぶり、揚げ句の果てに怒られる。普通の人間だったらとてもやっていられない（私はその場で喧嘩するが、おとなしいエンジニアは黙って耐えぬいてしまう）。こうして、心あるITエンジニアが1人、また1人と心折れて辞めていくのだ。

　問い合わせ／調査／障害対応など、どのような事案が発生し、どのような
対応や作業が発生しているのかも一覧化して記録しよう。月1回程度、経営
層や顧客に報告する。そうでもしなければ、運用・維持の現場の大変さは言
語化できないし、必要な投資も得られない。必要な業務としての市民権を得
るには、現場が見える化し、経営層や顧客と「景色合わせ」するしかない。
大切な業務と仲間を守るためにも。ITILでは、問い合わせ／調査／障害対応
などを一覧化および記録・報告し、かつ再発防止や対応効率向上のための仕
組みや仕掛けを検討する取り組みを「インシデント管理」「問題管理」と呼
んでいる。

Appendix

2

SES の罪と罰

IT業界の問題を語る上で、直視しなければならない真実（リアル）がある。それは「SES（システムエンジニアリングサービス）」だ。主にITエンジニアを客先常駐させるサービス形態で、もはや日本のIT業界のスタンダードになりつつある。日経クロステックの「極言暴論！」でお馴染みの日経BP・木村岳史氏も、請負型SIやSESの問題を大いに指摘している。私もまた、SESは日本のIT産業における闇だと実感する。

　IT職場の環境をより良くするには、SESの問題は避けて通れない。そのためにも、SESの現場にはびこる不都合な真実を厳しく言語化し、正しく問題化させ、浄化するムーブメントにつなげていかなければならない。

　ただし、これまでの章で挙げてきた問題と異なり、SESの問題については今のところ有効な打ち手がない。もはや一業態として成り立ってしまっており、その構造を覆すのは容易ではない。SESを頼る顧客がいる限り、SES企業はなくならない（もちろん、SESとてすべてが悪ではなく、ホワイトなSES企業も存在することは念のため付け加えておく）。やがてシュリンクするにしても、当面の間は生きながらえるに違いない。従って、せめてこうしてSESの実態を明るみに出し、共感者を得て未来の改革のムーブメントへの働きかけをするくらいしかできない。あるいは悪徳SES企業に潰されないよう、ITエンジニア個人に警笛を鳴らすのが、私にできる精いっぱいである。辞める人が1人、また1人と増えれば、SES企業のシュリンクのスピードも速まるはずだ。

「ITエンジニア諸君。悪いことは言わない。SESに長居はやめておけ」

A2-1 SESの闇、エンジニアも顧客もダメにする営業

　いろんな問題をはらむSESだが、特に看過できないのはSES企業にはびこるダメな営業だ（**図表A2-1**）。

　ダメな営業がIT職場にもたらす問題を大きく3つに分けて説明する。

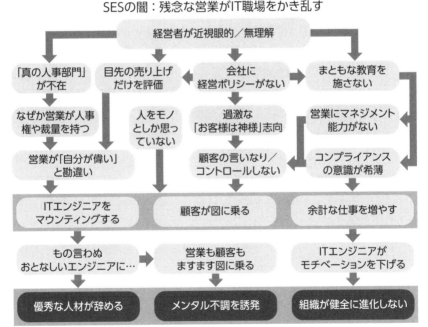

図表A2-1　SESの闇：残念な営業がかき乱すIT職場の問題構造
（出所：あまねキャリア工房）

（1）自社のITエンジニアをマウンティングする
（2）残念な顧客を助長する
（3）余計な仕事を増やす

（1）自社のITエンジニアをマウンティングする

　最初に取り上げる問題は、営業が自社のITエンジニアを「マウンティング」することだ。権限や立場、自分が持っている情報の豊富さを利用し、ITエンジニアより優位に立とうとする。

　営業のマウンティングがはびこる大きな要因は5つある。1つずつ見ていこう。

（i）自社の経営ポリシー不在

　そもそも、多くのSES企業に経営ポリシーなどない。人を派遣してマージンを取れればそれでよし。1990年代後半のITバブル期に味をしめた経営者はこのビジネスモデルをやめようとしない。とりあえず人を送っておいて、顧客のいいなりで仕事を回していれば一定の稼ぎを得られる。ある意味、楽でありとてもオイシイので、「とりあえず人を送る」ことしか考えない。経営者も営業も自社のITエンジニアをモノ程度にしか考えないSES企業もある。

（ii）「真の人事部門」不在

　多くのSES企業に「真の人事部門」は存在しない。採用はいいかげん、まともな評価制度がない。ではITエンジニアの常駐先や業務内容、評価などは誰が決めるかというと、それは営業だ。なぜか営業が人材配置の権限や裁量を持つ。これがまた厄介な問題を生む。

「私に逆らったら遠方の常駐先に飛ばすよ」
「この案件を断ったら地獄の現場にお前を送る」

このようにあからさまに、または暗にITエンジニアをマウンティングする。こうしてITエンジニアは決して営業に逆らわなくなる。あるいは、営業と大げんかして（もしくは黙って）辞めていく。中小企業など、人事「部門」を設ける人的余裕はないかもしれない。そうであっても、せめて人事機能は必要だ。そして、人事機能を営業が兼ねるとこのようにオカシなことになる（SES企業の人事部門については次節にて再度取り上げる）。

(iii) 営業が過大に評価される

　SES企業の経営トップの多くは近視眼的な傾向がある。営業が売り上げた数字しか評価しない。どんな技術を使っているか、業務の改善や効率化ができたか、社員が仕事に満足しているかなどどうでもよい。そんな社長もいる。その結果、数字を上げた営業だけが社長に評価される。こうして営業がどんどん殿様になり、ITエンジニアをますますマウンティングするようになる。

(iv) 過度な「お客様は神様」志向

　SESの営業の多くは、顧客の方しか向いていない。「お客様は神様」である。前時代的なゆがんだ価値観だ。このコロナ禍においても、客先の社員が出社しているので、自社のITエンジニアも出社（常駐）させる。テレワークなどもってのほかだ。このようなSES企業がなんと多いことか。社員を守ろうという発想はつゆほどもない。自社に経営ポリシーすらないのだから当たり前だ。顧客が「祝日も出社日」と言えば、たとえ自社は祝日が会社休暇であっても出社させる。どんなに理不尽な要求であっても受け入れる。エンジニアの意向やモチベーションなど関係ない。こうして、営業は自社のエンジニアの敵と化す。

(v) マネジメント能力不在／コンプライアンス意識希薄

　残念なSES企業の営業は、驚くほどマネジメント能力がない。淡々と契約や月次報告のオペレーションを回しているだけだ。ただ顧客の言うことを聞く。ITエンジニアをマウンティングしているだけ。エンジニアのモチベーショ

ンを向上することもできなければ、顧客の要求もコントロールできない。会社に経営ポリシーも、ろくな教育もないのだから当然だ。コンプライアンス意識も薄い。「これ、明らかに労働基準法違反だよね?」と思われるような、理不尽な勤務をエンジニアに強いるケースもある。40歳や50歳を過ぎた営業でもこうだから目も当てられない。

「今までを何してきたんだ?」と苦言を呈したくなるくらい、ビジネスパーソンとしても残念なのである。そんな営業はスキルも知識もないので転職できない。売り上げだけを評価する残念な経営者のもとで、会社にしがみつくしかないのである。生き残るために、お山の大将のごとくITエンジニアを延々とマウンティングし続ける。

(2) 残念な顧客を助長する

SESの営業は顧客の風見鶏である。「お客様は神様」というゆがんだ発想のもと、顧客の言うことを何でも聞く。すべてを顧客に合わせる。その結果、顧客がどんどん残念になる。ポリシーがあり、徳の高い優秀な顧客であれば話は別だ。しかしそうでない場合は目も当てられない。

顧客企業の情報システム部門は社内でのプレゼンスや能力、自己肯定感が低いほど図に乗る。残念ながら、日本にはそのような情報システム部門や担当者が目立つ。

普段、社内の人たちから評価されないので、SES企業の営業に持ち上げられると偉くなった気分になる。それで済むならまだハッピーである。往々にしてそういう顧客は態度が大きくなる。大した技術力もマネジメント能力もないのに、ITエンジニアをマウンティングする。はっきり言って公害である。

顧客の横暴に対し、営業は自社のITエンジニアを守らない。営業は顧客の方しか見ていない。

　同様に、現場の上司も同僚も誰もITエンジニアを守らない。「営業様」の意向に逆らうことになるからだ。逆らう行動を取ろうものなら「お客様のために、社内一丸となって皆頑張っているのに、あなただけ……」と、突然社内の一体感を持ち出し、同調圧力をかける。今まで一体感の醸成を阻害してきたのはどこの誰だと言いたくなる。そもそもSESのビジネス形態では、社内の一体感なんて醸成しにくい。はなから無理がある。

（3）余計な仕事を増やす

　営業は何かにつけて余計な仕事を増やす。それには理由がある。顧客と現場のITエンジニアの間では既に信頼関係ができている。営業だけが蚊帳の外だ。当たり前である。普段、営業は現場にいるわけではないのだから。

　営業はそれが気に入らない。自分の関与しないところで、事が進むのを極度に嫌う。無駄に介在したがり、存在感を発揮しようとする。これが厄介なのである。

　例えば月次の業務報告の場で、無邪気にこんな発言をする。

「次回からは、こんな資料も追加したらどうかしら？」

　あるいは「仕事をしている感」を出すための無駄な報告書を現場のエンジニアに書かせようとする。

　こうして余計な仕事を増やす。往々にして顧客がそれを求めていないので、完全に空振りである。ところが顧客が営業に気を使って「ノー」と言わないことがある。私が顧客の立場だったときは「現場としてはどうなの？」と現場のITエンジニアに本音や実情を後でこっそり聞いていたものだが。

　現場のITエンジニアが顧客のことを思って改善提案しようものなら、「そ

223

れはあなたがやることではない」とマウンティングする。あなたこそ、いったい何の権限があってそう言うのか。だったらITエンジニアと現場の役割や権限を明確にすべきである。「真の人事部門」がなく、マネジメント能力もないものだから、声の大きい人の感情論でしか物事が進まない。

　このような営業担当者は、現場からすれば厄介者でしかない。私は顧客の立場が長かった。私の知る限り、SESで常駐してくれていたITエンジニアは自社の営業をよく思っていなかった。それどころか、顧客側から見てもどうかと思うところが多かった。「ワンチーム」で同じ釜の飯を食っている仲間たちのモチベーションを下げるのは勘弁してほしい。

「営業が介入すると、面倒くさい」

　こんな悩み相談を現場のITエンジニアから持ちかけられ、「営業対策」を一緒に練ったこともある。

　この状況を放置しておくとどうなるか。営業も顧客もどんどん図に乗る。意図的に、あるいは悪気なく。そして、現場のITエンジニアはものを言わなくなる。

「言っても無駄」
「逆らったら、飛ばされる」

　こんな無力感と恐怖心が、おとなしいITエンジニアを増やしていく。思いのあるITエンジニアはメンタル不調を来すか辞めていく。

　こうして、お山の大将のような営業と、もの言わぬITエンジニアたちが残る。なんとも不健全で前時代的な構図が継続していくのだ。

　では、どうしたらよいか？

　ITエンジニア諸君。SESの現場を去られよ。残念ながら、SESという形態はすぐにはなくならないだろう。前述の通りモチベーションを高めるのは難しい。であれば、あなたが辞めるしか方法がない。

　もちろんSESはデメリットばかりではないが、「現状を良くしたい」「より成長したい」という思いがあるのならば、そして理不尽なストレスから解放されたいのならば、悪いことは言わない、SESの現場から去ろう。即効性のある処方箋はそれしかない。あなたがメンタルを病んでしまう前に……。

　そして、顧客側の人たちにも一言。どうか現場のITエンジニアの幸せを思って行動してほしい。顧客が変わればSES企業も変わるはずだ。

A2-2 人事機能不在、残念な管理職とエンジニアが量産される

　SES企業の「人事」について、さらに踏み込んでみる（**図表A2-2**）。多くの SES企業には企業ビジョンもポリシーもない。ITエンジニアを客先に送り込んで、利ざや（マージン）さえ得られればそれでよし。要は手配屋である。

当然、しっかりとした人事部門は存在しない。いるのは営業と、商品としての ITエンジニアと、事務員のみ。それ以上のコストをかけようとしない。人手の少ない中小企業であれば「人事部門」がないのは致し方ない面もあるが、「人事機能」がないのは大いに問題だ。人事機能不在は、次のような害悪をもたらす。

人事機能不在の害悪1　他人任せのキャリアプラン
　人事機能不在のSES企業において、ITエンジニアのキャリアプランなど誰も考えてくれないし、支援もしてくれない。ITエンジニアが育つか育たないかは、ずばり「運次第」である。

　良い案件や、良い常駐先に恵まれればキャリアアップやスキルアップのチャンスを得ることができる。スキルや徳のある人と出会え、新しい技術にチャレンジする機会があり、オフィス環境にも恵まれ、ITエンジニアとしての人権がある働き方ができればラッキーだ。

　一方、ハズレを引くと目も当てられない。人権がないかのような環境で、モチベーションも主体性も思考力も奪われ、延々と下働きだけをこなす。下手をすれば、1年、2年、あるいは3年以上を無駄に過ごすことになる。当たりを引くか、ハズレを引くか。その差は大きい。いわゆる「案件ガチャ」「常駐先ガチャ」である。

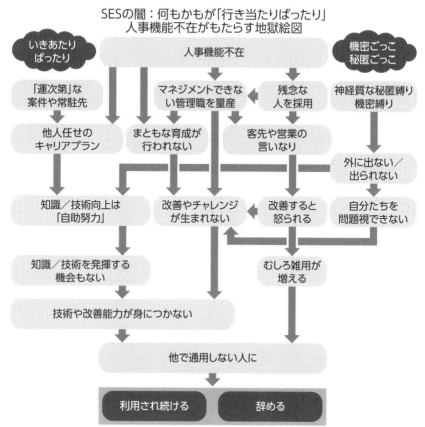

図表A2-2 SES企業の闇：何もかもが「行き当たりばったり」。人事機能不在がもたらす地獄絵図
（出所：あまねキャリア工房）

　キャリアプランは運任せ、他人任せになる。クラウドの技術を身につけたくとも、常駐先が「オンプレミス」といえば「オンプレミス」の環境に身を置くしかない。それどころか、GitHubやSlackすら使わせてもらえない。進捗管理や課題管理も、Excelどころか常に口頭。技術力どころか、基本的な仕事のマネジメント能力を伸ばす機会もどんどん奪われていく。

人事機能不在の害悪2　技術／知識向上も自助努力

　多くのSES企業における技術／知識向上は、基本的に自助努力である。「未経験者歓迎」などとうたっておきながら、ろくな研修も資格取得の支援もない。どんな知識を身につけておくか、どんな技術を学ぶか、すべて自分（あなた）次第なのだ。

　勉強会のような取り組みを行っているSES企業もある。月に1回設定された「帰社日」がそれだ。その日は、半ば強制的に全社員が自社に集められ（常駐先にそんたくし、定時後であるケースが多い）、社員同士の交流と勉強会が行われる。しかしその勉強会の中身たるや、お偉いさんの講話だったり、プロジェクト事例の紹介だったりする。おおよそITエンジニアとしての知識習得にも技術研さんにも程遠い。そもそも、普段まるで接点のない他の常駐先の人たちの、全く違う案件の話を聞いたところで身が入らない（と少なくとも現場のITエンジニアは思っている）。

「今日は帰社日なんですよ。つまらない話を聞かされるだけなんで、行きたくないんです。何か仕事を振ってくれませんか？」

　私がSI企業に勤務していた時代、所属部署に常駐していたSESのエンジニアからこう泣きつかれ、結託して「欠席理由」を作ったことが何度もある。

　もちろんITエンジニアたるもの、自らアンテナを立て、自ら情報収集し、自ら学習して技術研さんする姿勢も大事だ。とはいえ、すべてを自助努力に任せるのはいかがなものか。ある程度経験を積んだベテランならさておき、未経験者や新卒にはなかなか酷である。アサインされる案件や常駐先が「行き当たりばったり」でキャリアプランを立てにくいものだから、何を学んだらよいのか、どんな技術を身につけたらよいのか計画を立てにくい。ロールモデルも見つけにくい。

人事機能不在の害悪３　技術を生かす機会もない

　それでも成長意欲の高いITエンジニアは、学習に積極的である。職場環境やカルチャーのせいにせず、自助努力で新たな知識や技術を吸収する。

　しかし次なる壁が立ちはだかる。せっかく習得した知識や技術を実践する機会がないのである。保守的な職場であればあるほど、新しいことをしようとしない。

「顧客や営業に言われたことだけをやればいい」

　こう、現場の管理職からくぎを刺される。さらには「そんなことして何になるの？」「それ、意味があるの？」と冷ややかな言葉を周りの人たちから浴びせられる。やがて、自分だけ頑張っているのがばかばかしくなり、学習意欲が高い人も「学ばない人」「もの言わぬおとなしい人」と化していく（あるいは学んでいることを隠すようになる）。

　他社のITエンジニアは、どんどん新しい技術を使ってトライ・アンド・エラーし、めきめき力をつけているに違いない。外がまぶしいほど、自分の境遇が悲しくなってくる。プロとして焦燥感を募らせる。

マネジメントできない残念な管理職を量産する

　管理職のマネジメント能力の欠如も、多くのSES企業における由々しき問題だ。

　私はSES企業に勤務する人でまともにマネジメントができる管理職にお目にかかったことがほとんどない。ベテランとおぼしき管理職でも、驚くほどマネジメント能力がない。部下を悪気なく傷つけたり、スポイルしたりする。まれにできる人もいるが、たまたまセンスがあるか、あるいは前職できちんとしたマネジメントをしてきた人だ。

ここからは、マネジメントできない管理職の問題を挙げる。

(1) 部下を育成できない、評価できない

客先常駐型のビジネスモデルでは、客先や風向きによって求められるスキルも経験も異なる。よって、自律的な育成計画を立てにくい側面もあろう。

おのずと育成計画も行き当たりばったりになる。さらには「習うより慣れろ」のOJT（オン・ザ・ジョブ・トレーニング）一辺倒になりがちである。問題はそれだけではない。

他人を育成できない。自助努力だけで、場の要求に応じて技術を身につけてきた人であればあるほど、その過程を言語化したり他人に伝えたりするのが苦手である。技術のプロであることと、育成のプロであることは別物だ。

ともすれば「どうだ、俺はすごいだろう。なのに、なぜお前はできないんだ」とマウンティングして、部下や若手を傷つける管理職もいるから厄介だ。こうして、技術や仕事のファンを遠ざける。

部下を評価できない管理職。そもそも多くのSES企業は、まともな人事評価などしていない。上司と部下の間で、目標設定もフィードバックも行われない。売り上げさえあげていればそれでよし。給与も賞与もすべて業績連動。管理職への昇格も何となく決まる。それゆえ、管理職に部下の能力やプロセスを正しく評価する経験も視点も養われない。

(2) 改善できない

問題や課題を言語化して、仕事のやり方やプロセスを改善する。技術で解決する。それも管理職の仕事のうちの一つだ。ところが、改善などしたことがない。あるいは、営業から激しく怒られる。

　SES企業は基本的に、時間単価×稼働時間をベースに顧客からお金を得て
いる。業務改善をすると、稼働時間が減ってしまい利ざやを削ることになり
かねない。ともすれば、営業が余計な仕事を増やすから厄介だ。報告業務と
か調査業務といった仕事である。おおよそITエンジニアのスキル向上にも、
顧客のためにもならないが、それで時間稼ぎができれば営業にとっては御の
字だからだ。

　現場のメンバーが反発しようものなら、あるいは改善提案しようものなら、
「余計なことをするな」「それは協力会社のすることではない」と、どう喝す
る管理職もいる。こうして、下請けマインド100%の受け身、かつ改善でき
ない／改善経験のない管理職と部下が量産される。

(3) 顧客や営業の言いなり

　どんなに理不尽な職場環境であっても、ただ従うのみ。客先や営業に決し
て盾突こうとはしない。そんなことをしたって、評価もされず、不利な立場
に立たされるだけだからだ。

　こうして、残念な環境がずっと放置される。社内外と調整、すなわちやり繰
りして問題や課題を解決することもマネジメントの仕事のはずなのだが……。

　残念な管理職は、現場（客先）で働く部下にとっても不幸だが、本人にとっ
ても不幸である。他で通用しないので転職できない。仮に他社で管理職とし
て採用されたとしても、マネジメントできず本人も採用した側も途方に暮れ
る（要は管理職として「使えない」）。人を見る目もなければ、評価すること
も育成することもできないからだ。

　無理もない。まともにマネジメントをした経験もなければ、そのような教
育も受けていないのだから。こればかりは齢を重ねればどうこうなるもので
はない。むしろ、マネジメントできずに齢を重ねてしまった人ほどタチが悪

い。凝り固まってしまうから。

　そもそも、マネジメントできない人材を採用したり、マネジメント能力の育成をしなかったりする会社側にも問題がある。この点も、人事部門不在、人事機能不在の弊害だ。

ガチガチな「秘匿縛り」「機密縛り」も大いに問題

　SES企業は、客先常駐するITエンジニアをがんじがらめに縛ろうとする。二言目には「秘匿」「機密」と言い、なかには自分がどんな仕事をしているかすらも「口に出すな」とくぎを刺される。

　自分が取り組んでいる技術も悩みも発信できない、相談できない。様々な制約が、問題解決力や技術力向上の邪魔をする。

　閉鎖的なSES企業は、ITエンジニアが外（外部のコミュニティーや勉強会）に出ることもよしとしない。その結果、自助努力の知識向上や技術向上さえも妨げる。外を知らないから井の中のかわずになり、自分たちの問題に気付きにくくなる。ますます改善や技術革新から遠ざかる。こうして、「昨日と同じことだけをしていればよい明日」が延々と繰り返される。

　自社プロダクトを開発している企業、あるいはオープンなカルチャーのベンチャー企業で働くITエンジニアは、フォーラムやコミュニティーなどでどんどん自分たちの取り組みや悩みを発信して、どんどん新たな人たちとつながって経験を増やしている。半面、多くのSES企業のITエンジニアは自分たちの存在を明かすことすら許されない。まるで、妖怪「カオナシ」にさせられてしまうのだ。成長したいITエンジニアにとって、もどかしく切ない。

　この問題については、「5-3　何もかも『機密扱い』のIT職場」でも詳しく語っている。読み返してほしい。

232

「利用される」クセがついてしまう

　こうして、SES企業で働く管理職もITエンジニアもどんどん受け身になる。残念な顧客や残念な営業のいいなり。悪く言えば、残念な組織に「利用される」クセがついてしまうのだ。

　新卒で入社したり転職で入社したりしても長年いればいるほど様々な理不尽も「当たり前」になり、感覚がまひして何も問題と思わなくなる。常駐先がレガシーな大企業であれば、「受け身」「チャレンジしない」「スピードが遅い」「無駄な仕事が多い」「仕事した感に浸ってしまう」、いわゆる大企業に毒される。ともすれば、大企業の社員であるかのような錯覚にさえ陥る。

　これまた危険である。プロパー社員とは違い、待遇も安定性も決して良くないのに感覚だけは「大企業（病）」。油断すると、大企業と中小SES企業の悪いところどりで育ってしまう。そして、不況による雇い止めなど変化の局面において大いに慌てることになる。

「まさか、自分が切られるなんて……」
「他では通用しない……」

　こうなってからでは遅い。

　SES企業の中には、退職するITエンジニアに対し「業務で知り得たことはすべて忘れること」「競合他社に就労しないこと」などとうたった誓約書にサインをさせようとする会社もある。いったい、何の権限があって偉そうにするのか。さんざんいいように使っておいて、「忘れろ」「他に行くな」とは全くもってふざけた話である。残念なSES企業は、社員を妖怪「カオナシ」にしてプロとして成長する機会や、まともな管理職として機能する機会、さらには知的財産、キャリア権をもとことん奪おうとするのだ。

さあ、どうするITエンジニア諸君。あなたの選択肢は「利用され続ける」か「辞める」かのどちらかだ。

　目的を持って、期間を決めて過ごすなら、SES企業勤めかつ客先常駐生活も悪くはないかもしれない。今のままで、一生安泰に暮らせると思うならば、SES企業やその顧客企業に身を委ねる生き方もありかもしれない。しかし、あなたが成長意欲と問題意識があるIT人材であるならば、あるいはそのような人材を目指すのならば、悪いことは言わない、早々に見切りをつけた方がよい。マネジメント不在のSES企業に長居は無用である。

あとがき

　私が大学を卒業し、社会人になったのは1998年である。本書を執筆している今から20年以上前である。

　当時は、Windows95のパソコンが主流になりはじめ、先進的な職場では1人1台、多くの職場では部署やチームに1台配布され複数人で共用していた。フロアの端には、ホストコンピューターにつながる専用端末がずらりと並び、その横では大型のプリンターがけたたましい爆音を立てて専用帳票に注文書や請求書を印刷している。そんな光景が繰り広げられていた。

　あれから20数年、日本のIT職場の景色は変わっただろうか?

　テクノロジーの面では間違いなく進化している。ビジネスモデルも、ハードウエア主流からソフトウエアおよびサービス主流へと変化してきている。

　しかし、肝心の業界構造や組織カルチャー、マネジメントはどうだろう?IT職場のプレゼンスや、ITエンジニアの処遇は改善されたと言えるだろうか?

　正直に言う。本書(の元となっている日経クロステックのWeb連載『IT職場あるある』)の記事には、私が社会人になった当初、すなわち20年近く前の体験談も含んでいる。いわば古新聞な内容にもかかわらず、いまなお「今起こっている自分たちのリアル」として読者の共感が得られ(ツイッターで、「これ当社のこと」「まさに今これで悩んでいる」などのコメント付きリツイート多数)、1位・2位のビューを獲得し続けている。

　反応があるのは嬉しいが、切なくもある。

　この切ないリアルを何とかしたい。そう思い、筆を握り続けている。連載開始（2018年3月）からまもなく3年がたとうとしているが、まるで終われそうな気配がない。「DX」などのキレイな掛け声とは裏腹に、IT職場には積年の泥が堆積し続け、日本の発展を妨げている。

　この泥は、一個人や一企業の自助努力だけでは除去しきれない。まずはIT職場の切ない現状を知らしめ、経営／顧客／現場など、立場の違う者同士が同じ景色を見て問題に共感し、「それぞれの立場で何ができるか」を考え、議論し、そして、行動につなげてほしいのである。

　とりわけ経営層や顧客は、IT職場のリアルが分からない。だからこそ、誰かが公に声を上げる必要がある。本書がそのための一助になれば幸いである。

　本書を出版するにあたり、多方面から多大なる協力をいただいた。日経BPの書籍担当編集者 松山氏、日経クロステックのWeb連載『IT職場あるある』の担当編集者・中山氏、前任の川俣氏。別企画ではあるが、同じ日経クロステック『テクノ大喜利、ITの陣』の担当編集者・木村岳史氏からも、いつも勇気と自信をいただいている。この機会に感謝申し上げる。

　これらの連載や、講演・カンファレンスを通じて懇意になった有識者の皆様、ITエンジニアコミュニティの仲間や諸先輩方、SNSのフォロワー諸氏。IT職場の闇やリアルを赤裸々に語ってくれたことに、感謝し尽くせない（彼ら／彼女たちの身を守るため名前の公表は避ける）。

　感謝の気持ちとともに、日本のITの現場を明るくする、闇と闘い続ける思いと覚悟を新たにした。ともに闘おう！

2020年8月　長島ダムのほとりにて
沢渡　あまね

著者プロフィール

沢渡あまね

1975年生まれ。業務プロセス・オフィスコミュニケーション改善士。

あまねキャリア工房 代表／NOKIOO 顧問／なないろのはな 取締役／ワークフロー総研（エイトレッド）顧問。浜松／東京二重生活。

日産自動車、NTTデータ、大手製薬会社などを経て、2014年秋より現業。経験職種はITと広報。ユーザー企業のシステム担当、SI企業のITサービスマネージャ、プロジェクトマネージャ、認証基盤の運用SEを経験。300以上の企業／自治体／官公庁などで、働き方改革、マネジメント改革、業務プロセス改善の支援・講演、および執筆活動やメディア出演を行う。

主な著書

『ここはウォーターフォール市アジャイル町』（翔泳社）、『職場の科学』（文藝春秋社）、『仕事ごっこ』『システムの問題地図』『マネージャーの問題地図』『職場の問題地図』『業務デザインの発想法』（技術評論社）、『運用☆ちゃんと学ぶ システム運用の基本』『新人ガール ITIL使って業務プロセス改善します！』（C＆R研究所）。趣味はダム巡り。

ホームページ：http://amane-career.com
Twitter:@amane_sawatari

IT人材が輝く職場 ダメになる職場　問題構造を解き明かす

2020年9月30日　第1版第1刷発行

著　　　者	沢渡あまね
発 行 者	吉田 琢也
発　　　行	日経BP
発　　　売	日経BPマーケティング
	〒105-8308
	東京都港区虎ノ門4-3-12
装丁・制作	マップス
編　　　集	松山 貴之
印刷・製本	大日本印刷